새내기 교사들에게

교육보다 어려운
학부모를 말하다

새내기 교사들에게
교육보다 어려운 학부모를 말하다

초판 1쇄 2020년 10월 12일
초판 2쇄 2021년 11월 10일

글쓴이 | 심지연, 이다감, 이영인, 이영주, 정영화, 정은희

펴낸곳 | 도서출판 단비
펴낸이 | 김준연
편 집 | 최유정
등 록 | 2003년 3월 24일(제2012-000149호)
주 소 | 경기도 고양시 일산서구 고양대로 724-17, 304동 2503호(일산동, 산들마을)
전 화 | 02-322-0268
팩 스 | 02-322-0271
전자우편 | rainwelcome@hanmail.net

ISBN 979-11-6350-031-5 03370

값 15,000원

* 이 도서의 국립중앙도서관 출판예정도서목록(CIP)은 서지정보유통지원시스템 홈페이지
(http://seoji.nl.go.kr)와 국가자료종합목록 구축시스템(http://kolis-net.nl.go.kr)에서
이용하실 수 있습니다. (CIP제어번호 : CIP2020041153)

* 이 도서는 강원도교육청·강원도교육연구원의 '교원 책 출판 지원 프로젝트' 선정작입니다.

새내기 교사들에게

교육보다
어려운
학부모를
말하다

심지연 이다감 이영인 이영주 정영화 정은희

단비
danbi

리처드 바크의 『갈매기의 꿈』을 읽어 보면 '가장 높이 나는 새가
가장 멀리 본다.'라는 구절이 나온다. '가장 높이 나는 새'의 앞에 나타난 세상은
끝없이 펼쳐지는 또 다른 세계와의 벅찬 만남이었을 것이다.
그곳에서 '함께 하늘을 날고 있는 또 다른 갈매기의 무리를 보게 되는 장면'은
갈매기 '조나단'의 도전을 막연한 외로움이 아니라 도전한 자만이 느낄 수 있는
무한한 기쁨으로 변화시켜 주었을 것이다. 학부모에 대해 고민하고
그 고민을 후배들에게 들려주고 싶은 또 다른 교사들을 만났다는
사실만으로도 벅찬 감동이다. 나처럼 똑같은 노력을 하고 있는 갈매기 무리가
있다. 그곳에 도달한 자만이 느낄 수 있는 즐거움이 있다. 그 즐거움을 기꺼이
함께하고 싶은 선생님들과 교육의 진정성을 함께 고민하고 나누고 싶다.

처음 교직에 첫발을 내디뎠을 때가 생각난다. 유난히도 반짝이던 눈망울들, 재잘거리는 목소리로 교실의 아침을 깨우던 아이들, 초임 교사 시절 특별한 문화시설도 없는 그곳에서 학교는 아이들의 희망을 이야기하는 유일한 곳이었다. 산을 오르면서 학생들과 도란도란 이야기도 나누고 길가의 산딸기를 따 먹었던 추억이 아련하다. 서로 더 잘 익은 산딸기를 따겠다고 경쟁했던 모습들이 눈에 선하게 떠올라 지금 생각해도 웃음이 절로 나온다. 자연은 아이들의 무한한 상상 놀이터였다. 얼음처럼 차가웠던 계곡물에 발 담그고 까르르 웃었던 기억 속의 그 아이들은 지금 어떤 모습으로 살아가고 있을까? 그러고 보니 나의 교직 생활은 비교적 평탄하게 지나간 것 같다. 특별한 사건 사고보다는 아이들의 해맑은 웃음만 떠오르니 말이다.

세상은 정말 많이 바뀐 것 같다. 맞벌이 가정이 많아졌고, 학생들은 학교 수업이 끝나면 학원 가방을 들고 자신의 꿈을 위하여 이 학원 저 학원으로 옮겨 다닌다. 과거의 아이들이 자연 속에서 친구들과 마음껏 뒹굴었다면 요즘 아이들은 친구들과 노는 시간보다 인터넷 세상에서 즐거움을 찾고 있다. 부모님들과의 대화 시간이나 친구들과의 대화 시간이 자연스럽게 줄어들었고 우리의 아이들은 각자의 세상 속에서 살아가고 있다. 그래서인지는 몰라도 교육 현장에서는 학생들 사이에서 생각지도 못한 다양한 일들이 일어나고 있다. 대부분의 일은 학부모와도 자연스럽게 연결되어 결국 교육 현장에 첫발을 내디딘 새내기 교사들을 당황하게 만들기도 하고 고민스럽게 만들기도 한다.

학교에서는 교육과정의 배움만 일어나는 것이 아니라 이런저런 생활 속 문제들도 종종 일어나게 되는데 그때 발생할 수 있는 사소한 생활 문제를 간과하다 보면 눈덩이처럼 커지는 것을 흔하게 볼 수 있다. 처음에는 학생들을 가르치는 일이 힘들었는데 어느 순간 학생들을 가르치는 일보다 생활교육과 학부모와의 관계가 힘들어지게 된다. 이러한 현실을 맞닥뜨리고 나면, 교육이 먼저인지 생활교육이 먼저인지 학부모가 먼저인지 헷갈리게 되고 교사의 삶은 풀지 못할 실타래처럼 얽혀서 모든 생각이 멈추게 된다. 퇴근 후에도 학교에서의 일이 머리를 떠나지 않고 교사의 개인적인 삶에까지 영향을 미치게 된다.

가끔 신규 교사가 학부모와의 관계로 힘들어하다 결국 사표를 내고 교직을 떠났다는 이야기를 들으면서 정말 안타까움이 컸다. 교사는 아이들만 잘 가르치면 되는 것인데 그 이유가 아닌 다른 이유로 떠난다는 것이 정말 안타까웠다. 교사와 갈등을 원하는 학부모는 없을 것이다. 학부모와 갈등을 원하는 교사도 없을 것이다. 어쩌면 학부모는 학생과 함께 해야 할 교육의 동반자와 같은 존재이기에 학부모에 대한 고민과 노력 없이는 학생의 교육을 제대로 만들어 가는 것이 어려울지도 모른다.

『EBS 선생님이 달라졌어요』 프로그램을 보면서 코칭을 통해 더 좋은 선생님으로 성장하려고 노력하는 교사들의 모습을 본 적이 있었다. 코칭의 중간에 도종환 시인의 시 '흔들리며 피는 꽃'을 낭송해 주는 부분이 있었다. 그 구절을 들으며 선생님의 눈에는 눈물이 흘러내리고 있었다. 그 영상을 보는데 나도 모르게 눈물이 따라 흘렀다. 교사의 생각대로 학생들이 따라 주지 않아서, 내가 기울인 정성과 노력이 아무것도 아니게 무너졌다는 생각에 눈물 흘린 적이 있었다. 정말 교사로서의 삶은 '흔들리며 피는 꽃'과 같은 것이라는 생각이 든다.

이 책에서는 먼저 현직 초등교사들이 실제로 학부모와의 관계에서 겪었던 일들을 토대로 어떤 고민과 생각을 했는지 또한 학부모와의 관계를 어떻게 풀려고 노력했는지 솔직한 이야기를 들려주고자 한다. 선배 교사가 먼저 경험해 본 고민과 사색을 통해 새내기 교사들에게 학부모라는 존재는 피해야만 하는 대상이 아니라 부딪히며 함께 성장해 나가야 하는 존재임을 말해 주고 있다. 교사는 가끔 아프다. 가슴이 아프다. 학부모와 얽힌 문제의 실마리를 못 풀어서 아프고, 학생들이 계획대로 따라와 주지 않아서 아프고 시시때때로 말썽을 피워서 아프다. 교사로서의 삶에서 정말 좋은 제자를 만나 잘 가르치면 그것은 더할 나위 없이 기쁠 것이다. 좋은 제자에 이어서 좋은 학부모를 만나 일 년을 무사히 지나가게 된다면 그것 또한 교사로서의 행복일 것이다.

정말 쉽게 가는 인생은 없다. 아니, 쉽게 가는 교육은 없다. 이 책에서는 저 깊이를 모를 가슴속 심해에 묻어 놓았던 이야기들이 둥둥 떠올라 글이 되었다. 우리가 가진 경험을 쏟아 놓고 보니 그때의 감정들이 다시금 수면 위로 떠오른다. 우리들의 이야기가 교육의 모든 일을 대표하지는 않는다고 생각한다. 정말 교육계에는 책에서 미처 만나지 못한 더 기막힌 일들이 있을 것이고, 교사의 마음에 상처를 주는 일들이 지금도 계속 일어나고 있을지 모른다. 이 이야기들을 세상에 힘겹게 꺼내 놓는 이유는 간접적으로라도 교육계의 현실과 선배들이 느꼈을 마음들을 이 책을 읽는 여러분과 공유하고 싶기 때문이다. 더불어 후배 교사 여러분이 교육을 더 잘 이해하고 가슴속에 품은 교육관을 마음껏 펼쳐 볼 수 있는 용기를 얻기를 바라는 마음이다.

최대한 개인적인 정보를 알 수 있는 내용은 살피고 가명을 넣어서 글을 썼지만 혹시라도 마음이 불편할 수도 있는 분들이 있다면 이 자리를 통해 진심 어린 사과를 드린다. 넓은 아량으로 양해를 부탁드린다. 참된 교사로서 학생들에게 다가가기 위해 수많은 노력을 해 오신 많은 교사들에게 존경의 마음을 전하며, 이 책이 담고 있는 경험들이 가진 가치와 의미를 통해 현장의 교사들이 가르치는 일에 더욱 온전히 집중하고, 학생과 학부모와의 관계 안에서 자신만의 깨달음을 얻길 바란다.

2020년 8월 장맛비가 몹시도 내리던 어느 날
지나온 교사 생활을 돌아보며
저자 대표 교사 정은희

차례

...

3장 | 교사의 진심이 통했던 순간들

4장 | 무엇이 학생과 학부모를 신뢰하게 만드는가?

1장
교사의 눈으로 바라본
학부모의 모습들

〈제1장〉에서는 교사의 눈으로 바라본 학부모의 모습들을 이야기하고 싶었습니다. 처음 새내기 교사 시절에는 학부모의 마음을 잘 이해하지 못했습니다. 처음에는 이해가 안 되던 학부모의 모습이 점점 이해되기 시작한 날이 있습니다. 학부모의 마음이 무엇이었는지를 들여다보고 이해하려고 노력했을 때 드디어 보이기 시작했습니다. 사람을 이해한다는 것은 오롯이 그 사람의 마음속으로 걸어 들어갔을 때 가능한 일인 것 같습니다.

내가 가르치고 있는 학급의 아이들이 나에게는 여러 명의 학생 중의 한 명에 불과하지만 각 가정에서는 부모님의 소중한 한 명의 자녀이기 때문에 특별한 애틋함이 있는 것 같습니다. 어쩌면 학부모에 대해 더 잘 이해하는 것이 교사 생활을 더 쉽게 하는 길인 것 같습니다.

교직에서의 경험을 바탕으로 학부모에 대해 가졌던 생각을 정리해 보았습니다. 선배 교사가 느꼈던 고민은 무엇이었는지 또 그것을 어떻게 해결하려고 했는지의 이야기를 통해 간접적으로 경험을 하고 현장에 나간다면 정말 도움이 될 것 같습니다. 우리가 걸어가야 하는 길을 잘 알고 있다면 더 쉽게 그 길을 더 잘 걸어갈 수 있기 때문입니다.

학부모는
예민한 반응을
보이기도 해요

<u>저도 고민 있어요</u>

학생들을 지도하다 보면 교사의 눈에 비친 모습을 학부모에게 사실대로 이야기해야 할지 말아야 할지에 대해 교사들은 고민한다. 왜냐하면 아무리 객관적인 사실도 학부모에게 이야기하면 학부모들은 자신의 아이에게 무슨 문제라도 있어 이야기한다고 생각하고 예민하게 반응하기 때문이다. 그렇다고 학부모의 반응이 두려워 아무것도 이야기하지 않고 지나가는 것도 교사로서는 고민되는 부분이다. 때론 사실대로 알려 주고 학생의 부족한 면을 채우는 방향으로 교육이 이루어졌으면 하는 생각이 더 강하기 때문이다. 물론 모든 학부모가 그런 것은 아니지만 학생의 부족한 면에 대해 이야기를 나누는 것은 조심스럽게 이야기되어야 한다고 생각한다.

현준이는 공룡을 아주 좋아하는 아이였다. 공룡의 이름이라고 하면 어떻게 저 이름을 다 외우고 있을까? 하는 생각이 들 정도로 공룡 박사였다. 또한 자기만의 방법으로 색종이를 가지고 공룡의 모습을 접어서 비슷하게 만들어 내기도 했다. 공룡의 이름을 외우는 모습을 보거나 색종이로 공룡의 특징을 잡아 종이접기를 하는 모습을 보면 현준이는 평범한 아이가 아니었다. 생각하기에 따라 비범한 혹은 천재로 생각될 정도였다.

현준이의 엄마는 현준이에게 아주 많은 관심을 가지고 있었다. 매일 현준이의 수업이 끝나는 시간에 맞추어 기다리고 있고, 집에 가면 매일 속담 공부며 사자성어 공부를 한다고 했다. 또 엄마와 함께 반복적으로 속담을 말하고 외우기를 한다고 했다. 그러나 학교에 와서도 교과 시간 중 자신이 외운 속담을 수업 시간과는 아무런 상관이 없는 순간에 중얼거려 가끔 난감하기도 했다.

매일 현준이의 엄마는 현준이의 학교생활에서 무언가라도 특별한 일이 있었는지 확인하고 싶어 했다. 하지만 이미 공룡에 대한 관심이 많은 아이라는 이야기와 공룡의 이름을 거의 다 외우고 있다는 사실과 공룡 종이접기를 잘한다는 이야기 외에는 더 언급할 것이 없었다. 현준이에 대하여 매일 칭찬만 할 수는 없었다. 왜냐하면 공룡 관련 이야기는 부모님도 너무나 잘 알고 있기 때문이고, 또 최대한 객관적으로 학생을 바라보고 이야기해 주어야 하는 것도 교사의 역할이기 때문이다. 그래서 어느 방향에도 치우치지 않게 관찰하고 또 발견하려고 노력했다. 하지만 수업 시간에 교과의 내용을 지도하다 보면 현준이는 그냥 평범한 아이였다. 특히 무엇에 대하여 생각하는 것을 그려 보게 한다든가 친구와 함께 하는 모습을 그려 보게 하면 이번에는 너무 부족한 그림의 형태가 나타났다. 어느 날 수업 시간에 있었던 일이었다. 친구와 함께 하는 모습을 그리고 그것을 발표하는 시간이었는데 그 그림을 본 친구가 울음을 터트렸다. 자신이 생각하는 사람의 모습에서 한참 부족한 대충의 그림이었기 때문이었다.

"으앙!"

"너 왜 울어?"

"저건 사람이 아니잖아요."

"친구가 그림으로 너를 잘 표현하지 못해서 그런 거야. 네가 울면 친구가 얼마나 당황하겠니?"

사실 나는 이 상황에서 어떻게 친구를 달래 주어야 할지 방법을 찾지 못하고 있었다. 그림 속의 사람은 얼굴 형태도 둥글지 않고 일그러진 세모 모양이었고, 특히 그 얼굴 안에 표현된 눈과 코, 입의 형태도 너무나도 일그러져 있어서 친구의 눈에 속상하게 비쳤을 것이다. 그리고 알고 있는 상식에 비추어도 사람의 모습을 이렇게 그리는 것은 아직 형성되지 않은 무언가가 존재한다는 생각을 멈출 수가 없었다.

'이것을 부모님께 말해야 할까?'

부모님이 원하는 모습은 잘하는 것에 대한 일인데 오늘의 이 상황을 말한다면 어떻게 받아들일지? 나는 조심스럽게 주변의 선생님과 이야기를 나누었다. 그리고 우리가 내린 결론은 아직 형성되지 않았을 무엇인가에 대한 생각보다는 아직 그림을 어떻게 그리는지에 대한 학습이 이루어지지 않았을 수도 있다는 것이었다.

그날 방과 후에 현준이의 엄마와 나는 조심스럽게 이야기를 나누었다. 수업 시간에 있었던 일을 말씀드리면서 현준이에게 그림 그리는 방법에 대한 교육이 이루어지면 좋겠다는 말씀을 드렸다.

"어머님! 초등학교의 교육에서는 무엇에 대해 자신이 생각하는 대로 그림으로 표현하라는 학습활동이 많이 나와요."

"현준이가 특별한 재능이 있고 창의적인 아이인 것은 틀림없어요. 하지만 그림으로 표현하는 활동을 어려워할 수도 있으니까 현준이에게 부족한 부분에 대한 학습이 이루어지면 정말 좋을 것 같아요."

내 생각은 딱 거기까지였다. 담임인 나와 학부모와의 소통에서 무언가 부족했던 것일까? 어머님은 유치원 때의 선생님께 현준이에게 무슨 문제가 있느냐고 물어보았다고 한다. 다음 날 현준이 어머님은 나에게 유치원 때의 선생님과 통화를 해 보았는데 우리 현준이는 아무 문제가 없고 창의적이고 똑똑한 아이라고 다시 한번 칭찬을 해 주셨다는 것이다.

순간 이게 뭐지? 하는 생각이 들었다.

'그래, 나도 현준이의 창의적인 면과 비범함에 대해서는 인정을 했었다. 그럼 뭐지? 그래, 현준이가 사람의 얼굴을 그림으로 표현하는 것에 대한 교육이 필요하다고 이야기한 부분이지! 그것이 이 학부모에게는 인정하고 싶지 않았던 부분이었을 거야. 이제까지는 한 번도 듣지 않았던 이야기니까! 사실 한 가지 더 하고 싶었던 이야기가 있

었는데…'

현준이는 자기 자신에게 아주 충실한 아이였다. 그래서 그것 때문에 가끔 학생들하고 생활하면서 다른 사람의 입장에서 이해해 주는 모습이나 자신의 잘못을 인정하는 부분에서는 아직 부족한 아이였다. 하지만 너무 많은 지적은 오히려 학부모를 예민하게 만들 수 있을 거라는 생각에서 최대한 말을 아껴 그림으로 표현하는 부분에 대한 교육을 추천해 주었던 것이다.

아마도 이 일에서부터 발단이 되었을 것 같다. 한 달이 채 안 되어 현준이는 다른 학교로 전학을 갔다. 무언가를 더 잘해 줄 시간도 없이 전학을 갔다. 학생이 전학을 갔어도 나의 마음속엔 풀지 못한 숙제와도 같은 것이 남아 있었다. 그래서 일주일이 지난 어느 날 현준이의 엄마에게 안부 전화를 걸었다.

"어머니, 현준이는 잘 지내고 있나요?"

"선생님! 이렇게 전화 주셔서 너무 감사해요."

"…"

"어머니! 무슨 일 있으신가요?"

"…"

"선생님! 저는 우리 현준이에 대해 너무 몰랐나 봐요. 제가 현준이를 조금 일찍 데리러 갔다가 창문 틈으로 우리 현준이를 보았는데 이상한 소리를 계속 내는 거예요."

"어머님! 이상한 소리가 뭐예요?"

"선생님! 그것 틱장애 같은 거요. 저는 이제까지 우리 현준이에 대해 잘한다는 이야기만 듣고 있었는데 이런 모습이 있는 줄은 몰랐어요. 그리고 이렇게 전화 주셔서 너무 감사해요."

"네, 어머님! 현준이와 제가 더 많은 시간을 함께했으면 정말 좋았을 것 같아요. 어머님과도 더 허심탄회한 이야기를 나누었으면 좋았을 것 같구요."

"네, 선생님! 제가 가슴이 울컥해서 더 말을 못 하겠어요."

"잘 알겠어요. 어머님! 혹시 제가 도울 일이 있으면 연락을 주세요."

그렇게 우리의 전화는 끝이 났다. 아쉬움만 뒤로 남긴 채로….

나는 가끔 생각을 한다. 조금만 더 우리에게 시간이 주어졌다면 나는 무엇을 어떻게 할 수 있었을까? 학부모에게 그림 그리는 능력에 대한 이야기를 감추고 그냥 교육이 이루어졌다면 어떻게 되었을까? 조금 더 학부모와 나와의 신뢰가 생겼을 때 조심스럽게 이야기를 나누었더라면 어땠을까? 현준이의 틱장애는 왜 생긴 걸까? 풀 수 없는 수수께끼처럼 자꾸 그때를 돌아보게 된다.

이럴 땐 이렇게 해 보세요

교사가 하는 모든 말들은 참 신중하게 이루어져야 한다. 칭찬의 경우 언제라도 좋은 이야기이지만, 그것이 학생에 대한 부족한 부분의 이야기일 경우 학부모와 충분한 신뢰가 이루어진 후에 이야기를 나누어도 늦지 않을 거라는 생각이 든다. 학부모는 자녀에 대한 부족한 부분의 이야기에는 인정이 안 되는 '예민함'이 있는 것 같다. 사실 교육이란 학부모와 교사가 한 방향을 바라보고 가면 말할 것도 없이 좋을 것이다. 하지만 학부모가 객관적이지 않다고 평가를 하기 전에, 학부모에게 학생의 부족한 부분의 이야기를 하기 전에 다음의 두 가지를 꼭 생각해 보고 이야기를 하는 것이 좋을 것 같다.

첫 번째는 '진심으로 학생을 걱정하는 마음이 있는가?'와 두 번째는 '선생님과 학부모 사이에 신뢰 관계가 충분히 형성되어 있는가?' 하는 것이다. 교육은 객관적인 시각에서 바라보아야 한다. 하지만 학부모에게 하는 어떤 말들은 학부모를 예민하게 만들기도 한다. 그래서 학부모와 교사 사이에 충분한 신뢰 관계가 이루어진 후에 학부모님이 그것에 대해 받아들일 준비가 되어 있을 때 이야기를 나누는 것이 좋을 것이다. 또 대화 후에는 학부모에게도 학생에 대하여 충분히 관찰해 보고 생각해 볼 시간을 마련해 준 후에 다시 한 번 상담을 하는 것이 좋은 방법이라고 생각한다.

학부모와는
객관적인 사실로
대화하세요

⟨⟨⟨

저도 고민 있어요

학교에서 학생의 부주의로 어떤 사고가 일어났거나 친구들 사이에 학교폭력이 일어났을 경우 우리는 부모님께 연락을 드려야 한다. 이러저러한 일들이 일어났으니 알고 계시라는 의미로 학부모에게 연락을 해야 할 경우가 많은데 그런 대화를 할 때면 교사도 학부모도 자주 보는 관계가 아니기 때문에 어색하기만 하다. 특히나 학생이 잘못을 저지른 경우라면 학부모 마음은 찢어지고 교사들은 말을 전하기가 너무 힘들다. 그런데 그럴 때 학부모들은 자녀의 입장에서 이야기를 할 때가 많다. '팔은 안으로 굽는다'고 자녀의 잘못보다는 학교의 책임으로 몰고 가는 학부모들이 있다. 그럴 때 같이 감정을 담아 이야기하다 보면 결국 감정싸움으로 이어질 수 있다. 더욱 냉정함을 가져야 할 시간인 것이다.

"선생님, 서윤 엄마예요."

"네, 어머니 안녕하세요."

"다름이 아니고 오늘 우리 서윤이가 체육관에서 누리와 싸웠다면서 울면서 왔어요. 그런데 상처도 났네요."

서윤이가 하교하기 전에 3, 4학년 아이들이 우르르 나에게 몰려와서 체육관에서 서윤이와 누리 사이에 어떤 일이 있었는지 한바탕 이르고 갔고, 난 서윤이와 누리를 불러 상황을 듣고 화해도 시킨 다음 집으로 돌려보낸 상황이었다. 둘이 말로만 싸운 게 아니라 할퀴고, 꼬집어 서윤이는 손등에, 누리는 목 뒷덜미에 흉터가 남았다. 얼마나 악을 쓰고 싸웠는지를 보여 주는 참혹한 흉터였다. 객관적으로 보았을 때는 누리의 상처가 더 심했다. 약까지 발라 주고 누리의 어머니께 전화까지 드리고 이제 서윤이 어머니도 알고 계셔야 할 것 같아 전화를 할 참이었는데 그때 마침 서윤이 어머니께서 격양된 목소리로 전화를 하신 거다. "선생님, 서윤 엄마예요"에서 느껴지는 어머니의 감정은 '난 너무너무 열받아, 지금 우리 아이가 이렇게 울면서 집에 올 정도면 그 녀석이 얼마나 심하게 군거야? 그리고 이 상처는 뭐야, 이 곱디고운 손에!'

"선생님, 서윤이와 누리가 어떤 일이 있었는지 아시죠? 어떻게 된 일인가요?"

"서윤이와 누리가 이야기한 대로 말씀드릴게요. 아이들이 체육관에서 호버보드를 타고 있었는데 서로 타고 싶어 해서 자기들끼리 순서를 정해서 탔나 봐요. 서윤이가 탈 차례가 되었는데 서윤이가 핸드폰을 하느라 못 봐서 다음 차례인 누리가 호버보드를 냉큼 탔나 봅니다. 핸드폰을 하고 있던 서윤이가 그걸 보고 누리한테 내려오라고 했고 누리는 싫다고 했다네요. 그러던 중 서윤이가 강제로 누리를 끌어내리다가 몸싸움이 있었다네요."

"누리가 날마다 우리 애를 그렇게 놀리고 못살게 구나 봐요. 지난번에도 그러더니… 어쩜 저렇게 상처를 낼 수 있대요? 그리고 얼마나 서러우면 저렇게 엉엉 울며 집에 왔을까요? 전 재 저런 모습 처음 봤어요. 그래서 누리가 우리 애한테 사과했나요?"

그다음의 내 발언이 문제였다. 왜 아까 약 발라 주던 누리의 상처가 떠올랐을까?

"서로 화해하긴 했는데… 어머니, 누리도 많이 다쳤어요. 오히려 상처는 누리가 더 심하답니다. 그리고 누리 어머니는 누리를 잘 타이르겠다고 하셨어요."

"그럼 선생님은 우리 애가 더 잘못했다는 건가요?"

"더 잘못했다기보다는 서로가 잘못한 일이고 게다가 상처는 누리가 더 깊으니 누리나 누리 어머니 마음도 헤아려 주세요."

"우리 애가 잘못한 게 뭔가요? 자기 순서가 되어서 내려오라고 한 게 잘못인가요?"

누리 어머니와는 다른 서윤이 어머니의 목소리에 신경이 거슬리기 시작했다. 평소에 서윤이가 학급 규칙을 어기는 모습과 밉게 하던 말들이 갑자기 머릿속에 떠올랐다. 그래서 객관적이어야 하는데 내 감정이 실린 말을 하고 만 것이다.

"어머니, 서윤이는 학교에서 휴대폰을 사용하지 않아야 한다는 학급 규칙을 어겼어요. 그 시간에 휴대폰에 정신을 빼앗기지 않았다면 제 순서를 찾아 호버보드를 즐길 수 있지 않았을까요?"

나의 입에서 서윤이에 대한 비난이 나오니 어머니는 마음이 찢어지셨을 것이다. 빤히 알면서도 서윤이의 잘못된 행동은 어머니도 알고 계셔야 할 것 같아 말씀드린 것인데 어머니는 자식의 잘못보다는 남의 허물만 보이는 모양이다.

"그럼 체육관에서 그런 일이 벌어지고 있을 때 선생님들은 뭐 하셨나요? 그 위험한 호버보드는 왜 거기에 있었구요?"

모두 다 맞는 말씀이다. 사실 호버보드는 각 반에서 관리하게 되어 있다. 그날은 어느 반에선가 체육 수업 후 그대로 놔두었나 보다. 또한 호버보드는 반드시 교사가 있을 때만 타도록 하고 있었다. 그날 아이들은 체육관에 호버보드가 있으니 아무 생각 없이 탔던 것 같다.

"그 시간에 선생님들은 체육관에 안 있고 뭐 하셨죠?"

더욱 매섭게 쏘아붙이신다.

"그 시간은 정규 수업이 끝나고 방과후 수업이 있기 전까지라 수업을 기다리면서 아이들끼리 놀고 있었던 것입니다. 그래서 선생님들이 체육관에 있지 않았습니다."

"그럼 아이들끼리 있었단 말씀이죠? 어른이 없는 곳에서 이런 일이 일어나는데 학교를 어떻게 믿고 맡기겠어요?"

"어머니, 왜 서윤이와 누리의 사이에 일어난 일을 학교 탓을 하시죠?"

"선생님은 우리 애 탓을 하셨잖아요!"

저 수화기 너머로 마지막으로 들렸던 울음 섞인 목소리다.

그렇게 서윤이 어머니는 전화를 끊어 버리셨다.

나도 어이가 없고 분한 마음이 밀려와 전화기를 든 손이 바들바들 떨렸다. 학생이 잘못한 것을 이야기했을 뿐인데 그걸 또 학교 탓을 하시다니, 아니지 정확히 이야기하면 내 탓을 한 것이나 마찬가지다. 거기다 전화를 끊어 버리기까지 하셨기에 내 기분도 많이 상해 있었다. 아무리 나보다 나이가 많은 어른이라 하더라도 이야기 중에 전화를 끊어 버리시다니…

대략 30분 정도 지났을까. 다시 전화벨이 울렸다. 서윤이 어머니였다.

"여보세요."

"선생님, 서윤 엄마예요. 아까는 제가 너무 흥분한 나머지 전화를 끊어 버렸네요. 죄송합니다."

"아닙니다. 서윤이 어머니 마음 백번 이해합니다."

"제가 서윤이랑 이야기해 보고 다시 연락 드리겠습니다."

"네, 알겠습니다. 다시 연락 주세요."

그 뒤에 그 일로 인한 서윤이 어머니의 전화는 없었다. 서로의 잘못을 인정하고 넘어갔는지는 모르나 내가 조금만 더 감정적이지 않았다면 좋았을 텐데, 비교하지 않고 중립적으로 말했다면 더 좋았을 것이라는 아쉬움이 남는다.

이럴 땐 이렇게 해 보세요

교사는 객관적으로 학부모님께 학교생활을 전달한다고 해도 가끔 감정적일 때가 있어요. 예를 들어 학생이 평소에 잘못된 행동을 몇 번 했거나 친구들과 문제를 일으켰을 경우 그 학생이 미워 보일 수밖에 없겠죠. 그래서 가끔은 교사의 주관적인 내용이 전달될 때가 있습니다. 게다가 어느 부모가 자식을 미워하겠어요. 팔은 안으로 굽는다고 자식을 믿어 주고 싶겠죠. 그래서 교사나 학부모나 감정적으로 대화를 주고받는 경우가 많습니다. 따라서 특히나 학생의 잘못을 전달하고자 할 때 절대로 교사의 개인 생각을 전달하면 안 됩니다. 학생의 잘못한 부분만 명쾌하게 전달한다면 학부모님들도 수긍하실 수 있을 겁니다. 또한 학부모님들에게는 본인의 자녀가 우선입니다. 부모님의 속상한 마음을 이해하고 위로해 드리세요. 비난보다는 위로의 말씀과 앞으로 학생의 지도계획을 협의하고자 한다면 부모님도 흔쾌히 함께해 주실 겁니다.

내 자녀가
특별하기를 바라는 것은
누구라도 같아요

저도 고민 있어요

아이들을 교육하다 보면 한 학급의 모든 아이들을 똑같이 공평하게 대해 줄 수 없는 것이 교사의 입장이다. 누구는 앞서가기도 하고 누구는 뒤서기도 하고, 누구는 중심이 되기도 하고 누구는 주변이 되기도 한다. 가끔은 특별한 재능을 보이는 학생이 있으면 교사는 그 학생에게 기회를 주기도 한다. 하지만 학부모는 어떨까? 학부모 입장에서 보면 '이왕 기회를 줄 거면 내 자녀에게 보다 더 특별한 기회를 주면 얼마나 좋을까?'를 생각한다. 모든 학생에게 공평하게 대해 주더라도 내 자녀에게 눈길 한 번만 더 주었으면 하는 것이 학부모의 마음이라는데 교사는 어떻게 공평하게 대해 줄 수 있을까? 또 어떻게 하면 내 자녀가 특별하기를 바라는 학부모의 심정을 들어 줄 수 있을까?

"엄마, 우리 유치원에서 연극한다!"

"그래, 준영아! 연극의 제목은 뭐야?"

"흥부와 놀부예요."

내심 엄마의 머릿속은 풍선과도 같은 기대감으로 부풀어 올라요.

"그래, 너도 배역은 맡았겠지?"

"네, 엄마. 저도 아주 중요한 배역을 맡았어요."

"음, 엄마가 한번 맞추어 볼까?"

엄마는 이제 아이와 스무고개 놀이를 하기로 작정을 해요. 눈동자
를 맞추면서 지대한 관심을 아이한테 가져 보기로 해요.

"중요한 배역이니?"

"네, 엄마. 아주 중요한 배역이에요."

중요한 배역은 당연히 흥부와 놀부인데도 설마 이것은 아니겠지?
하면서도 아이에게 조심스럽게 물어요.

"흥부? 아니면 놀부?"

"아니에요. 엄마! 혼자 하는 배역이 아니에요."

혼자 하는 배역이 아니라니? 엄마의 머릿속은 흥부와 놀부 연극 속을 왔다 갔다 하기를 반복해요. 배역이 많은 역할이라면 흥부와 놀부의 자식들이었을 텐데! 이제 정답을 맞추었다고 생각을 해요.

"그래, 그럼 흥부 자식들?"
"아니에요. 엄마 더 생각해 봐요."
"그럼 놀부 자식들?"
"아니에요. 엄마! 우리 선생님이 그랬는데 아주 중요한 배역이래요."

그 말에 다시 마음이 놓이면서 눈이 동그래져요. 아이의 말대로 틀림없이 선생님이 중요한 배역을 맡겼겠지! 하는 생각이 들어요.

"그래? 중요한 배역! 뭘까?"
"혹시 제비?"
"네, 엄마. 제비 맞아요! 딱 맞추었어요."

오 마이 갓! 제비의 대사가 있었는지 생각하는 엄마의 머릿속은 다시 폭풍 속을 헤매고 있어요. 아니야, 그럴 리가 없어. 아마 연극 형태를 재미있게 바꾸었을지도 몰라, 맞아 말하는 제비로 바꾸면 이 연극이 재미있을지도…

"그래, 준영아! 너 흥부와 놀부에서 제비가 얼마나 중요한 역할인지 알지?"

"네, 저도 알아요. 제비가 있어야 '박씨'를 물어 오고 박이 열리게 되고 흥부가 부자가 되잖아요."

"맞아, 너 말이 정말 맞아! 너 이 배역 엄청 중요하게 생각하고 잘 해야 한다."

내심 무너지는 마음을 어떻게든 붙잡고 있어요. 그래도 쿨한 엄마니까 아이의 말을 계속 들어 줘요.

"알고 있어요. 저희는 중요한 배역이라서 줄도 맞추어 나가요."

"뭐라고? 저희? 그게 무슨 말이야? 너희 제비 배역이 여러 명이라고?"

"네, 엄마! 제비가 4마리예요. 그리고 줄을 맞추어 나가요."

이런 이런 4마리 제비라니? 한 마리 아니 두 마리도 아니고 4마리 제비는 흥부와 놀부에도 등장하지 않는 제비인데…를 머릿속으로 생각을 하면서 아이한테는 실망하는 모습을 보여 주지 않기로 해요.

"그래! 그럼 대사는 있니?"

그래요. 엄마의 머릿속은 '퓨전 연극'을 상상하고 있어요. 이건 분명 흥부와 놀부 연극에 코미디를 가미한 퓨전 연극이 틀림없을 거라고 생각하며 소설을 쓰고 있어요.

"네, 있어요. '박씨'를 물고 나와서 떨어뜨릴 때 '톡' 하고 소리를 내요."

그다음은 말을 잊지 못했어요.

'내 아이가 더 중요한 배역을 맡았으면 얼마나 좋았을까?'

'그래도 대사 몇 마디라도 했으면 얼마나 좋았을까?'

그래요. 이 이야기는 학부모이면서 교사인 선배 교사의 입에서 나온 말이었어요.

더 황당한 것은 연극이 시작되었을 때였다고 합니다. 네 명의 제비가 동시에 등장을 하고 '박씨'를 떨어뜨리는 장면에서…

'제발 제발 조금이라도 다른 제비가 되어 등장했으면! 아니 이건 제비가 4마리나 등장하는 퓨전 연극이니까 우리 준영이만이라도 다른 액션을 취하면서 등장하는 제비가 되었으면…'

연극은 학생들이 연습을 한 대로 일사불란하게 줄을 맞추어 등장했고, '톡' 박씨를 떨어뜨리는 장면마저도 합창하듯이 떨어뜨리고 다시 줄을 맞추어 퇴장했다고 해요. 학부모의 기대감을 뒤로 하고…

"어쩜 그럴 줄 몰랐어요! 내 마음이… 나는 참 바보였나 봐요. 우리 준영이의 성격상 대사 많은 역할을 한다고 했을 리가 없었을 텐데요."

"준영이의 성격이 어떤데요?"

"학부모의 눈으로 바라보면 긍정적인 잠재력을 가진 아주 창의적인 아이이고, 교사의 눈으로 바라보면 생각은 있으나 내성적이어서 주어진 일만 열심히 하는 아이라고…"

끝내 말을 잇지 못하고 있는 선배 교사의 마음속에는 만감이 교차하고 있는 듯했습니다.

이럴 땐 이렇게 해 보세요

내 아이가 교육의 중심에 서기를 바라는 마음, 내 아이가 연극에 있어 주변인이 아닌 중요 역할을 맡았으면 하는 것이 학부모의 마음일 것이다. 항상 아이들을 공평하게 대해 주어야 한다고 외치던 교사도 학부모의 입장이 되어 보면 똑같은 마음이었다고 한다. 교사도 아닌 학부모의 마음은 어떠할까? 교육이 어떻게든 공평해야 한다는 사실을 알고 있는 교사의 마음도 내 아이가 중심에 서기를 내심 기대하면서 아이와의 대화를 이어 나가는데, 학부모가 내 아이 입장에서 내 아이만을 특별하게 대해 달라고 외치는 것은 어쩌면 당연한 요구일지도 모른다.

새내기 교사들에게, 다시 한번 어떤 일이 발생했을 때 선생님의 입장에서 한 발짝만 더 나아가 학부모의 입장에서 사안을 바라보기를 적극 추천한다. 왜 학부모가 이런 행동을 하는지에 대한 내면적인 본질을 들여다보기를 바란다. 사실 학부모의 입장에서 바라보면 이해되지 않을 일들도 없기 때문이다.

세심한 배려가 필요한
도움반 학생의 부모님

~~≪~~

저도 고민 있어요

학급의 다양한 학생들을 위해 담임교사는 저마다의 노력을 기울인
다. 어떤 학생은 학습 향상을 꾀하기도 하고, 어떤 학생은 정리정돈
이 안 되는 부분에 대한 습관 교정을 위해 관심을 기울이기도 한다.
그렇다면 도움반 학생은 담임교사가 어떤 관심을 기울여 주어야 할
것인가. 도움반 학생은 다른 학생들보다 상세한 설명과 기다림 그리
고 더 많은 지도와 노력이 필요한 것처럼 도움반 학생의 부모님께도
담임교사의 세심한 배려가 뒷받침되어야 한다. 도움반 학생의 학부
모는 교실 안에서 상처받거나 잘 적응하지 못하는 문제에 대해 예민
하게 생각할 것이다. 이때 이를 담임교사의 책임으로 돌린다면 담임
교사는 어떻게 할 것인가. 또 도움반 학생 학부모의 요구가 너무 많
아 담임교사가 많이 힘들다면 이 문제에 어떻게 접근할 수 있을까?

학기 초 도움반 학생의 담임이 되면 나는 제일 먼저 학생이 왜 도움반에 들어왔고, 학생의 수준은 어느 정도이며, 통합의 정도 및 담임으로서 어떤 부분에 중점을 두고 도움반 학생을 지도해야 하는지에 대해 도움반 교사와 상의하며 계획을 세우게 된다.

우리 반이 된 수현이는 발달장애로 감정을 읽고 표현하는 것에 어려움이 많은 아이였다. 하지만 적극적인 학부모님의 지도로 일기 쓰기나 수학 학습 등도 스스로 할 수 있을 정도로 학습적인 부분은 다른 도움반 학생들에 비해 높은 수준이었다. 그래서 담임교사로서 올해 수현이가 친구들과 조금씩이라도 서로 소통할 수 있는 기회를 많이 마련해 주어야겠다고 다짐했다.

교과 수업에는 짝 활동이나 모둠 활동을 더 계획하여 수현이가 친구들과 서로 활동하는 기회를 많이 만들어 주고 친구 간에 문제가 생기면 시간이 걸리더라도 수현이의 이야기부터 듣고, 관련된 다른 친구들과 함께 이야기하면서 서로의 입장을 이해해 볼 수 있도록 노력했다.

그 과정에서 수현이의 어머님은 수현이가 그날 하루 무슨 일이 있었는지 매일 이야기해 달라고 부탁하였고, 학기 초 수현이가 잘 적응하고 있는지 걱정되는 마음에 하신 부탁이라는 생각에 열심히 매일 수현이에게 있었던 긍정적인 일과 아쉬웠던 부분, 칭찬해 주고 싶은 일들을 메시지로 알려 드렸다. 한 달여가 지나면서 수현이가 잘 적응하고 있는 것에 대해 알고 계실 거라 판단도 들고, 매일 같은 이야기를 하는 게 어렵기도 하여 며칠마다 혹 어머님이 알고 계셔야 할 일들에 대해 메시지로 알려 드렸다.

그런데 며칠이 지나서 수현이의 어머니께서 찾아와 힘들었던 부분에 대한 상담을 하게 되었다. 수현이의 어머니는 수현이의 모든 부분이 궁금하고 걱정이 되는데, 요즘 담임교사가 아이에 대해 잘 알려 주지 않아서 답답하다고 하셨다. 또 급식을 먹고 담임교사에게 왜 꼭 검사를 받아야 하는지, 일기를 꼭 쓰게 해야 하는지에 대해서도 물으셨다. 수현이가 잘하고 있어서 담임인 나는 느끼지 못했지만 가정에서 수현이가 잘할 수 있도록 일기며, 숙제를 봐 주시느라 어머님께서 많이 힘들고 지치게 되었다는 것을 나는 알지 못했던 것이다. 학기 초 수현이의 어머니께서 다른 아이들과 똑같이 대해 달라고 부탁하셨는데 그 의미가 다른 아이들과 똑같은 숙제나 활동의 난이도를 달라는 뜻은 아니었음을 깨닫는 순간이었다. 어머니의 고충을 알게 된 나는 거듭 죄송한 마음을 전하고 앞으로 수현이가 힘든 부분이 있다면 원하는 방향으로 해 드리기로 했다. 그래서 매일 수현이의 일상에 대한 연락을 드리기로 했고, 일기도 쓰고 싶은 날에 써서 제출하도록 했다. 급식은 다른 친구들도 모두 함께 실천하는 환경을 위한 잔반없애기 활동이기에 좀 더 함께 노력해 보기로 했다.

그러나 힘든 일과 속에서 매일 수현이 어머니께 메시지를 보내는 것은 어려운 일이었다. 학교 업무도 많아 나는 정신이 없었다. 또 수현이가 화장실에서 장난기 있는 행동을 한 일이나, 다른 친구에게 욕을 한 일, 여자아이의 머리카락을 잡는 바람에 친구가 넘어진 일 등 수현이 어머니께 말씀드리면 너무 놀라고 걱정하실 일들은 차마

전할 수 없었다. 그래서 수현이 어머니께 매일 같은 연락을 드리는 게 어렵다는 솔직한 나의 마음을 전했고, 죄송하지만 수현이의 학교생활에 대해 궁금하신 부분이나 상의하실 일이 있으면 연락을 달라고 부탁 드렸다.

그러던 어느 날 수현이와 반 친구들이 5학년 형들과 다 같이 손을 잡고 뛰면서 놀다가 5학년 학생 중 한 명이 낭심을 맞아 쓰러져 보건실로 실려 가는 일이 발생했다. 사실 그 일은 아이들이 함께 어우러져 정신없이 놀다가 발생한 일이었다. 5학년 담임교사의 연락으로 같이 있던 우리 반 학생들을 모아 놓고 함께 이야기했는데, 우리 반 아이들이 왜 그렇게 말했는지는 잘 모르겠지만 수현이가 그 학생을 발로 찼다고 이야기를 했다. 그런데 하필 수현이도 자기가 발로 찼다고 말해서 앞으로 그러지 않겠다 약속하고 하교를 하였다. 아이들을 보내고 보건실에 5학년 학생이 괜찮은지 내려가 보았더니, 5학년 학생의 학부모가 발로 찬 학생의 사과를 받고 싶다는 연락을 했다고 보건 선생님이 말해 주었다. 바로 수현이 어머니께 자초지종을 알려 드렸고, 다음 날 수현이가 5학년 형에게 사과하는 것으로 일이 마무리되는 듯했다.

그런데 얼마 뒤 수현이의 어머니께서 전화를 다시 하셔서 수현이에게 어떻게 겁을 주고 화를 냈기에 하지도 않은 일을 했다고 거짓 자백을 받아 낼 수 있냐며 격하게 화를 내셨다. 담임교사로서 자격이 없다는 소리와 욕설도 들었다. 다음 날 그 자리에 있었던 아이들을 불러 이야기를 해 보니 대부분 발차기를 하였고, 수현이가 발로 차고 나서 5학년 학생이 아프다며 쓰러졌다고 했다. 5학년 아이가 낭심을 맞은 것은 그 자리에 있던 아이들이 모두 다 발차기를 하며 서로를 때리는 과정에서 벌어진 일이었다. 수현이뿐만 아니라 다른 학생들도 5학년 학생의 낭심을 때리는 일에 가담했던 것이었다. 아이들과 나눈 이야기를 통해 어떻게 된 일인지 차분히 이야기해 보려고 했지만 수현이 어머님과는 이미 대화가 불가능한 상황이었고, 수현이 어머니의 분노를 달랠 방법이 없었다.

수현이 어머니는 담임인 내가 하루 있었던 일을 이야기하지 않은 날에는 다른 학생들과 학부모를 통해 그날에 어떤 일이 있었는지 물어 보신 날도 있다고 한다. 얼마나 답답하셨으면 그러신 걸까?

다른 아이들과 똑같이 자라나게 하고 싶은 부모님의 심정을 더 들여다보지 못한 점, 별일 아니라고 아무 말 없이 지나간 날들이 학부모의 마음을 얼마나 답답하게 만들었을지를 생각해 보았다.

예상대로 그날의 일은 담임교사가 수현이를 차별하여 지도한 것으로 수현이 어머님은 생각하셨고 학교의 모든 학생들 앞에서 이를 공개적으로 사과하라고 요구하였으며, 장애인특별법 위반으로 교육청에 민원도 제기하였다. 한 번 틀어진 관계는 쉽게 회복되지 않았다. 그렇게 수현이는 다른 학교로 전학을 갔다. 그동안 나는 수현이의 입장에서 이해해 주려고 노력했고 우리 반 아이들에게 수현이와 함께 잘 놀아 줄 것을 당부해 왔던 터라 나의 마음도 편하지 않았다.

지금에 와 돌이켜 생각하니 수현이의 어머니는 수현이가 너무도 걱정된 나머지 수현이의 일거수일투족을 알고 싶고, 고쳐 주고 싶고, 도와주고 싶으신 마음이었을 것이다. 도움반이기에 혹시 다른 아이들에게 더 상처받고 괴롭힘을 당하지는 않을지, 적응은 잘할지 등 수현이의 모든 것이 걱정이었을 것이다.

만약 내가 어머니의 그 마음을 더 헤아리고 걱정을 덜어 줄 수 있도록 믿음을 주고 지속적으로 배려를 했다면, 그리고 수현이의 잘못을 감추지 않고 솔직하게 말씀드렸다면, 어떤 사안이 벌어졌을 때 내가 겪었던 일과는 다르게 일이 전개되지 않았을까 하는 생각이 든다. 도움반 학생의 특수성을 더 깊게 헤아리지 못한 나의 행동과 다른 아이들의 말만 믿고 또 수현이가 그랬다는 말만 믿고 사안을 다르게 판단해 버린 게 아직도 안타깝다. 시간이 지나 이 글을 쓰고 있는 내 마음도 편하지 않다.

이럴 땐 이렇게 해 보세요

도움반 학생의 학부모는 아이의 부족함을 자신의 탓으로 여기고 일반 학부모보다 더 많은 관심을 가지고 자녀가 받고 있는 교육 활동이나 교우관계를 지켜본다. 조금이라도 나의 자녀로 인해 무슨 일이 일어나지 않을까 하는 생각에서 자유로울 수 없는 것 같다.

학급의 아이들에게 친구를 배려해 주라고 이야기는 할 수 있지만 그 친구들도 아이들이기에 모두가 다 옳고 잘할 수는 없는 것 같다. 만약 어떤 일이 일어났을 때는 교사로서 그 일에 대한 사실 관계를 분명히 하고 차분하게 양쪽 편의 이야기를 모두 들으며, 한쪽 편의 이야기만으로 판단하지 않길 바란다.

학급의 아이들에게 도움반 학생의 특수성을 같은 반 친구들이 진심으로 잘 이해할 수 있도록 배려해 주는 교육을 통하여 학급 아이들 모두 즐겁게 교육을 받을 수 있도록 지도를 하는 것이 교사의 역할일 것이다.

무엇보다 담임으로서 어머님의 마음부터 배려하고 살뜰히 살피는 것, 그리고 다른 아이들과 차별이 아닌 구별을 통해 어떤 학생도 상처나 힘듦 없이 교육을 받을 수 있도록 교육환경을 마련하는 것이 또 다른 수현이를 만들지 않는 방법이 아닐까?

밤늦게 연락하는
학부모는
어떻게 해야 하나요?

저도 고민 있어요

교사의 삶 중에서 온전히 교사로서 있는 시간은 얼마만큼이어야 할까? 전부이어야만 할까? 만약 퇴근 후에 교사 개인의 생활을 할 수 없다면 학부모와 교사 사이에 어떤 규칙이 존재해야 하는 것은 아닐까?

요즘 어떤 선생님들은 개인 휴대폰 번호는 공개하지 않는다고 한다. 또 학교용 휴대폰과 개인 휴대폰을 따로 사용하는 선생님들도 주변에 많이 늘었다. 스승의 날 즈음이 되면 퇴근하고도 밤늦게 연락하는 학부모 때문에 교사의 고충을 다룬 뉴스가 종종 등장하기도 한다. 가끔 습관처럼 밤에 연락하는 학부모가 있다면 어떤 방법으로라도 교사의 개인적인 삶의 시간에 대한 양해를 구하고 싶다.

3월 학기 초 금요일 밤.

"으앙!"

안방에서 혼자 잘 놀던 네 살 딸아이가 갑자기 울음을 터뜨렸다. 놀란 가슴에 무슨 일인가 하고 가 보니 바닥에 엎드려서 아주 심하게 울고 있었다. 아마도 침대에 혼자 올라갔다가 떨어진 모양이다. 뭔가 울음소리가 심상치 않아서 아이를 살펴보니 아뿔싸, 머리 뒤통수가 살짝 찢어지고 피가 났다. 급하게 지혈을 하고 아이를 안고 병원 응급실에 가기로 했다. 이미 밤늦은 시각이라 동네 병원에는 갈 수 없었고 동네 주변에는 응급처치가 가능한 마땅한 병원이 없었다. 차로 1시간 반 정도를 달려 도시로 나가야 응급실이 있는 대형병원이 있었다.

이미 집에서 출발했을 땐 밤 10시가 다 되어 가는 시각, 한참을 병원을 향해 달리고 있는데 밤 11시쯤 되었을까? 주머니 속 휴대폰이 '카톡' 하고 울렸다.

'이 밤중에 누가 카톡을 했을까?'

잠시 신호 대기 중에 확인해 보니 우리 반 이슬이의 어머니였다. 얼핏 보았지만 상당히 긴 글의 장문이었다. 미처 다 읽어 보지도 못하고 신호가 바뀌었다.

사실 처음에 드는 생각은 이렇게 늦은 시각에 담임에게 연락을 했다는 사실에 조금 화가 났다.

'이슬이에게 오늘 무슨 일이 있었던가?'

'1학년 학부모는 가장 관심이 많다고는 하지만 밤늦게 연락을 하

는 것은 좀 예의가 아니지 않나?'

나는 오늘 학교에서의 하루를 되짚어 보고, 이슬이를 떠올리며 별의별 생각을 해 보았지만 오늘 하루 특별한 일이 생각나지 않았다. 무수한 궁금증과 상상을 하며 병원에 도착했고 우선 아이는 무사히 치료를 마쳤다. 그리고 다시 집으로 돌아와 잠든 아이 옆에서 다시 이슬이 어머니가 보내온 카톡을 찬찬히 읽어 보았다.

내용은 이슬이는 방과후학교 토탈미술을 하고 싶어서 신청했으나 우선순위에 밀려서 하지 못하게 되었다는 이야기였다. 당시 방과후학교 토탈미술은 신청자가 정원 초과가 되었다. 그럴 경우 우선순위를 두어 수강자를 선정하였다. 우선순위 규정은 돌봄교실에서 돌봄을 하고 있는 학생은 방과후학교 정원 초과 시 제외되었다. 당시 이슬이는 돌봄교실을 하고 있었고 안타깝게도 여러 개의 방과후학교에서 유일하게 신청한 수업이 토탈미술이었던 것이다. 이슬이 어머니는 우리 이슬이는 다른 방과후학교 수업을 하나도 신청하지 않았는데 유일하게 하나 신청한 토탈미술이 돌봄을 한다는 이유로 안 된다는 것은 억울하고 이해되지 않는다고 했다.

어찌 보면 다른 아이들은 정원이 초과되지 않은 다른 방과후학교 수업을 4~5개씩 할 수 있는데 이슬이는 달랑 1개 신청했는데 인기 많은 수업이라 할 수 없게 되었기에 이슬이 어머니는 속상했던 것이다.

'그래도 그렇지, 굳이 이 밤중에 카톡을 보냈어야 했나? 이게 그렇게 긴급한 문제인가? 충분히 주말 지나서 월요일에 연락해도 되는 일 아닌가?'

나는 화가 나면서도 남들과는 조금 다른 이슬이의 상황을 떠올렸다.

입학식 날, 교실에서 아이들과 인사를 나누고 부모님의 손을 잡고 다시 집으로 가는 시간이었다. 그런데 어느 한 어머니께서 가시지 않고 쭈뼛쭈뼛 교실에 남아 마치 나에게 할 말이 있는 듯 기다리고 계셨다.

"선생님 안녕하세요? 이슬이 엄마예요."

"네, 안녕하세요?"

"선생님 우리 이슬이 잘 부탁 드려요."

"아, 네."

나는 1학년에 입학한 우리 아이 담임선생님을 처음 뵙는 자리에서 인사치레 정도로 생각했다.

"선생님, 제가 우리 이슬이랑 떨어져 살아요."

'오잉? 이게 무슨 말인가? 아이 입학식에 오셔서 아이랑 떨어져 산다니?'

"네? 그럼 오늘은 어떻게 오셨나요?"

"이슬이는 여기서 아빠와 할머니랑 살고, 저는 오늘 입학식이라 외할머니랑 오게 되었어요."

"아, 네."

첫 만남에 나는 왜 엄마랑 따로 살게 되었는지 많은 걸 여쭙지 못하였다. 나중에 알고 보니 이슬이는 엄마와 아빠가 따로 살고 계셨고 아빠랑 할머니와 살고 있었다. 엄마는 가끔 이슬이를 보러 내려오셨고 대신 매일 이슬이와 전화 통화나 문자를 하고 있었다.

어쩌면 옆에서 봐주지 못하는 엄마의 심정으로 이슬이가 정말 하고 싶어 하는 방과후학교 토탈미술을 못 하게 되었다는 소식을 듣고 속상하고 급한 마음에 그 밤에 연락을 했나 보다.

나는 이미 답을 하기에는 새벽이 된 시각이라 답을 보내지 않았고 다음 날 아침 9시가 되기를 기다리다가 이슬이 어머니께 전화를 드렸다. 아무래도 딱딱한 문자보다는 전화 통화를 하는 게 나을 것 같다는 판단이 들었다. (가끔 문자는 나의 의도와 다르게 읽는 사람에 따라 뉘앙스나 의도가 달리 읽힐 수 있기 때문이다.)

우선 방과후학교 규정이 그렇게 되어 있는지라 안타깝지만 어쩔 수 없음을 안내 드렸고, 대신 혹시 나중에 취소하는 학생이 생겨 자리가 나면 이슬이가 할 수 있도록 하겠다고 말씀드렸다.

그리고 개인 가정사를 말하고 싶지 않았지만 어젯밤 나의 사정과 답을 하기에는 너무 늦은 시각이라 연락 드리지 않았다는 말씀도 드리면서 정중하게 밤늦게 연락은 자제해 달라는 부탁을 드렸다. 왠지 말씀을 드리지 않으면 안 될 것 같았고 학기 초에 말씀드리는 게 좋을 것 같은 판단이 들어서였다. 어머니께서도 아이의 이야기를 듣고 속상한 마음에 보내게 되었다고 죄송하다고 말씀해 주셨다. 그 이후 이슬이 어머니는 항상 문자를 보내실 때 예의를 갖추어 보내 주셨고 그 이후로 저녁 늦게라도 연락하는 일은 없었다.

이럴 땐 이렇게 해 보세요

학기 초 학교생활을 안내할 자료에 항상 쓰는 문구가 있다.

'궁금하신 사항이나 상담할 일이 있으시면 수업이 끝나는 오후 2시부터 5시까지 문자나 전화 주세요.'

물론 상황에 따라서 퇴근하고도 밤 9시까지도 연락이 오는 경우도 있다. 감사하게도 올해 부모님들은 퇴근 후에 잘 연락하지 않으시기도 하거니와 하게 되더라도 늘 저녁 시간에 죄송하다는 말씀을 먼저 하시기도 한다. 부모님과 교사 간 소통은 반드시 필요하지만 소통에도 예의와 방법이 필요하다. 아직도 밤늦게 급하지도 않은 연락을 하는 부모님이 계시다면 정중히 말씀드려 보는 건 어떨까?

학부모도
성장하는 데
시간이 필요해요

~≪~

저도 고민 있어요

경력이 10년 이상이 되었음에도 새학기가 되면 나는 매번 새로운 학생들과의 만남, 새로운 학년, 새로운 교실로 인해 걱정을 담은 설렘을 가지고 출근을 한다. 하지만 첫아이를 둔 학부모님, 특히 그 아이가 1학년 입학을 한 학부모님들의 설렘에 비할 수 있을까! 특히나 유치원 시절 장난꾸러기였거나 적응을 잘하지 못한 아이의 엄마는 걱정이 이만저만이 아니라고 생각한다. 아이가 초등학생이 되었다고 엄마의 걱정이 없어지지는 않을 것이다. 남과 다른 우리 아이의 행동에 걱정이 많은 학부모를 대할 때 교사는 어떻게 하면 좋을까?

"여러분, 오늘은 자기 사물함에 가서 책과 색연필, 가위, 휴지 등을 정리해 볼게요. 먼저 1, 2, 3모둠 학생들부터 자기 사물함에 가서 정리하세요."

학생들이 한차례 정리를 끝내고 심지어 4, 5, 6모둠 학생들이 사물함 정리를 끝내고 모두들 자기 자리로 돌아와 다음 활동을 준비하고 있는데 기찬이가 사물함 앞에서 아무런 행동도 하지 않은 채 사물함 속을 바라보며 가만히 앉아 있었다.

"기찬아, 무슨 일이야?"

"…"

"선생님이 도와줄까?"

"…"

기찬이의 행동을 지켜보니 가만히 앉아 사물함 속을 바라보는 것이 아니라 사물함 속의 책을 꺼냈다 넣었다 색연필을 넣었다 꺼냈다를 반복하며 정리하다가 어느 순간 정지된 동작을 하고 있는 기찬이를 본 것이다.

"기찬아 이제 사물함 정리 다 되었니? 자리에 들어와서 친구들과 같이 재미있는 활동하자."

기찬이는 다른 친구들이 자기를 보는데도 무슨 생각인지 그대로 있기만 했다. 그다음 날, 학부모 모임에서 무슨 말씀을 들으셨는지 기찬이 어머니께서 교실에 방문하셨다. 1학년 학부모 모임은 반 아이들의 사소한 일들을 모두 주고받는 어머님들의 모임으로 아이들이 6학년 심지어 중학교 때까지도 이어진다는 말을 들은 적이 있다.

"선생님, 진짜 우리 기찬이가 그랬나요? 집에서는 착실하고 수학에 대한 이해력도 높고 특히 만들기도 잘하는데요."

기찬이의 엄마는 직접 보지 않고서는 자신의 아이가 교실에서 그런 행동을 했다는 것에 대해 전혀 믿을 수 없다는 표정을 지으셨다. 친구들에게 다가가지는 않지만 친구들과 노는 것을 좋아하는 기찬이가, 엄마가 시키는 것 모두 다 잘하는 기찬이가 학교에서 그렇게 행동했다니 지금도 깜짝 놀라시던 표정을 잊을 수가 없다.

"음악을 듣고 신체표현을 해 보세요, 자신의 몸을 이용하여 자유롭게 움직이거나 멈추거나 해 보세요."

음악이 나오고 아이들은 너나 할 것 없이 일어나 몸을 움직이기 시작했다. 장난꾸러기 학생들은 이미 낄낄거리면서 교실 안을 뛰어다니기 시작했고, 그 와중에 교실을 자기 안방인 양 드러누워 교실 바닥을 몸으로 쓸고 있는 학생들도 보였다. 그때였다. 기찬이도 갑자기 바닥에 누워 다른 친구들처럼 한참을 바닥을 이리저리 몸으로 쓸고 다니더니 수업이 끝날 때까지 일어나질 않았다. 그냥 '얼음'이 되어 버린 것이다.

기찬이의 행동이 보통 1학년 학생의 행동과 다르다는 것을 알지만, 그 행동이 이상하거나 다른 학생들을 아프게 하는 행동도 아니고 내 경험상 '생각이 많은 학생이구나'라는 생각이 들어서 그냥 무심한 척 가까이 다가가 조용하게 '괜찮아'라는 눈빛과 토닥거림을 줄뿐 다른 행동을 강요하지는 않았다. 오히려 이런 학생이 학년이 올라가면 소위 철이 들어 아주 멋진 학생으로 성장하기도 한다.

하지만 엄마들은 일단 내 아이의 행동이 다른 아이들의 행동과 다르면 걱정을 한다. 우리 아이의 행동이 너무나 낯설고 걱정이 되어 하루 종일 일이 손에 잡히지 않고 어떻게 하면 괜찮아질까 온통 아이 생각으로 가득 차 있을 거라 생각된다. 실제로 기찬이 어머니께서는 직장을 다니시는데도 매주 기찬이의 학교생활에 대한 상담을 하러 학교에 오셨다. 교사가 학생들을 가르치고 학생과 관련된 일에 시간을 많이 들여야 하는 것은 사실이지만, 매일 퇴근 전에 해야 할 업무도 생각보다 많아서 1시간 이상이 걸리는 학부모와의 상담은 심적으로 부담감이 크다. 상담을 한다고 해서 해결책이 "나 여기 있어." 하고 나오는 것도 아니고…. 시간은 어김없이 흐르고 매주 학부모님은 찾아오는데 뭔가 해답을 찾을 수도, 들을 수도 없는 상황이라 답답하고 시간만 낭비하는 기분이었다.

"1학년 학부모는 그냥 1학년이라고 생각하면 돼."

왜 그럴까 하던 중 선배 선생님들의 말씀이 문득 떠올랐다.

"1학년 학부모님은 1학년 학생을 처음 키워 보는 거잖아요. 아이의 입학식, 아이의 선생님, 아이의 수업태도 모두 처음 경험하는 것이어서 어떻게 해야 할지 잘 모르는 것은 당연한 일이죠. 내 아이가 수업 시간에 화장실을 자주 가도 걱정, 발표 목소리가 작아도 걱정, 친구랑 놀지 않고 혼자 있어도 걱정, 급식을 남겨도 걱정 이 모든 것이 걱정이잖아요. 저도 아이를 키우면서 첫아이가 말이 늦어도 걱정, 늦게 걸어도 걱정, 적게 먹어도 걱정, 글자를 늦게 알아도 걱정 모든 게 걱정이었거든요. 하지만 둘째는 첫째의 성장 그래프를 어느 정도 아니깐 큰 걱정 없이 키웠던 거 같아요. 걱정이 오히려 걱정을 만든 것이라는 것을 알게 되었어요."

"예절 시간에 한복은 갈아입었는데 옷을 챙겨 교실로 돌아오던 중에 기찬이가 동전이 없어진 것을 알고 나서 동전 찾느라고 수업에 참여하지 못했어요."

"우리 애가 그런 행동을 했다고요? 선생님께 얘기를 들은 뒤에 학원 선생님께도 혹시 기찬이에게 무슨 문제가 있냐고 물어봤더니 학원에서는 아무 문제가 없다고 말씀하시던데요."

왜 집과 학원에서와 학교에서의 기찬이의 행동이 다른지 기찬이의 어머니께서는 이해가 되지 않으시는지 생각에 잠기시더니 다시 말씀을 하셨다. 몇 번의 상담 활동과 기찬이를 지켜본 경력 10년 이상의 담임으로서 내 생각을 말씀드려야 할 것 같았다.

"기찬이 어머니, 어머니께서 집에서 기찬이와 어떻게 생활하시는지 제가 모든 것을 다 알지는 못하지만, 기찬이가 집에서는 억눌려서 못했던 것들을 학교에 와서 표현하는 것 같아요. 그런데 그런 행동이 다른 학생들에게 피해를 주는 것도 아니고, 단지 기찬이가 자기 주변을 챙기고 생각을 하느라고 수업 시간에 잘 따라 하지 못하는 것뿐이라 사실 저는 걱정되지 않습니다. 기찬이 옆에는 기찬이를 누구보다 사랑하고 걱정해 주는 엄마가 있잖아요. 기찬이도 알고 있을 거예요. 저는 어머니의 적당한 관심과 걱정은 기찬이를 바르게 성장시킬 수 있는 등대 역할을 하지만 지나친 관심과 걱정은 기찬이에게 독이 된다고 생각합니다."

기찬이의 어머니께서는 매우 논리적이고 빈틈없으며 학구열에 불타는 매우 열성적인 엄마로, 뭐든지 일이 주어지면 빨리 끝맺음을 해야 하는 반면 기찬이는 생각하는 것을 좋아하고, 정리하는 것보다는 만드는 것을 좋아하며 시간에 구애받지 않고 일을 끝맺음하는 그런 학생이었다. 그런 기찬이가 이제 자신에게도 모든 면에서 완벽한 모습을 보이고 싶어 하는 것 같다는 생각이 들었다. 누가 보지 않아도 글씨가 하나라도 삐뚤면 공책이 뚫어질 때까지 지우고 쓰기를 반복하며, 만들기를 할 때에도 원하던 대로 되지 않으면 엄청 속상해하는 모습을 보였다.

부모도 학부모가 처음이라 많은 시행착오를 경험하기도 한다. 내 아이가 원하는 것을 다 들어주고 싶은 것이 부모의 마음이고 우리 아이가 예의도 바르고 공부도 잘하고 다 뛰어났으면 하고 바라는 것도 당연한 일이다. 교사도 부모가 학부모가 될 수 있는 시간을 기다려 줄 필요가 있다. 아이의 학년이 높아질수록 부모도 학부모로서 마음가짐이 달라질 것이다. 행동마다 놀란 가슴을 잡는 부모가 아니라 시간이 지나면 단단해질 수 있는 경험이 된다는 것을 아는 학부모가 될 것이라 믿어 의심치 않는다.

이럴 땐 이렇게 해 보세요
교육학을 전공하고 지금까지 끊임없이 학생 관련 연수를 받고 있는 교사 엄마인 나도 내 아이를 키우는 것이 학교에서 아이들을 지도하는 것보다 어렵다. 그런데 첫아이를 학교에 보낸 부모가 자신의 아이를 위해 어떻게 도움을 줄지에 대해서 경험하고 생각하는 시간이 필요한 것은 당연하다. 양육 태도나 교육철학이 교사의 생각과 학부모님의 생각이 다르다고 어느 한쪽만 강요하는 것은 안 된다고 생각한다. 단 교육학을 전공한 전문가로서 학부모에게 정중하게 말씀을 드리는 것은 권하고 싶다. 교사와 학부모 모두 균형을 맞추어 최선의 해결책을 찾아가려는 마음가짐이 중요하다. 그러기 위해 학부모님들의 계속적인 학부모 교육이 필요하다. 그리고 학생을 대할 때 남들과 다른 행동을 한다고 해서 그것을 이상한 행동이라 단정 짓지 말고 성장하는 과정에서 겪을 수 있는 성장통이라는 것을 학부모에게도 함께 알려 주시면 좋을 것이다.

학부모는
초임 교사의 말을
신뢰하지 않기도 해요

___

저도 고민 있어요

학기 초에 있는 다양한 학교 일정 중에서 교사들을 가장 긴장하게 하는 순간은 아마도 처음 아이들을 만날 때와 학부모를 만날 때가 아닌가 싶다. 경력이 많은 교사도 항상 긴장되기 마련이니, 학부모를 처음 만나는 새내기 교사는 더욱 그럴 것이다.

교직에 들어오기 전 선배 교사나 먼저 발령받은 동기들로부터 학부모와는 너무 멀리해도 안 되고 그렇다고 너무 가까이도 하지 않는 것이 좋다는 이야기를 들었다. 학부모들이 새내기 교사를 만만하게 (?) 보기 때문에 좀 쎄(?) 보여야 한다고 말하는 선배 교사를 만났을지도 모르겠다. 모든 일은 첫 단추를 잘 꿰어야 하듯이 학부모와의 관계는 첫 만남부터 중요할 것이다. 어떻게 해야 학부모들과의 첫 만남을 잘할 수 있을까?

내가 발령받은 지 2년 차 때 교육과정 설명회 날에 있었던 일이다. 1년 차 때 했던 실수를 하고 싶지 않아서 열심히 잘해 볼 생각으로 그동안 해 보고 싶었던 교육계획을 정리해서 부족하지만 발표 자료도 만들어 책상 위에 올려놓고 학부모님들이 들어오기만을 기다리고 있었다. 학부모님들이 하나둘 들어오셔서 자녀의 자리에 앉으시라고 하고 좀 더 기다린 다음 준비한 자료를 안내하려고 했다. 그때 교실 앞문으로 우르르 학부모님 여럿이 들어오더니 책상 위에 아이들 주먹만 한 딸기 한 바구니를 내려놓더니 말하는 것이 아닌가.

"다들 먹고 살자고 하는 건데, 나와서 이것 좀 먹고 해요. 새벽에 바로 딴 딸기야!"

분명 교사인 내가 눈앞에 있었지만 나는 투명 인간이었다. 심지어 딸기를 먹고는 따 낸 꼭지를 밤새 열심히 만든 발표 자료 위에 버리고 있었다. 결국 학부모들의 수다를 듣다가 아무 이야기도 하지 못한 채 학부모들이 간 뒤 더럽혀진 교실 책상과 바닥을 정리하는 것으로 두 번째 교육과정 설명회를 마쳤다.

교사가 되어 처음 만난 학부모라는 존재는 나에게 상처가 되어 다가 왔다. 그 상황에서 어떤 말도 하지 못했던 나 자신이 못나 보여서 원망스럽기도 했다. 다음 교육과정 설명회는 그렇게 상처로 만들고 싶지 않았지만, 막상 학부모를 만나면 어떻게 해야 할지 도무지 아무 생각도 나지 않아 몇 년 동안은 교육과정 설명회 일정이 잡히면 한숨이 절로 나왔었다.

사실 초임 교사는 한 번도 학부모라는 관계를 경험해 보지 못한 상태에서 대부분 담임교사가 되기 때문에 학부모라는 존재는 초임 교사에게 참 부담스러울 수밖에 없다.

그러나 학부모와의 관계는 학생 관계에도 영향을 미치므로 교사와 학부모와의 인간관계는 학생 교육에 있어서 중요하다. 더군다나 초임 교사라는 것을 알았을 때 학부모가 교사를 존중하지 않는 말이나 행동을 보인다든가 신뢰하지 않는 등의 모습을 보일 경우, 교사는 첫 교직 생활이 더욱 어려워질 수밖에 없다.

사실 선생님께서 맞닥뜨리게 될 학부모가 어떤 모습인지, 어떤 유형인지 아무도 알 수가 없다. 그러나 잊지 말아야 할 중요한 한 가지는 우리가 교사이기에 학생의 교육에 초점을 맞추어야 한다는 것이다. 그리고 학생을 위해서 학부모와 교사가 함께 협력해야 한다는 사실도 잊지 말아야 한다.

학부모는 사실 교육과정 설명회 때 교사가 얼마나 많이 준비했는가를 보러 오는 것이 아니다. 학부모는 1년여간 우리 아이를 맡을 선생님이 우리 아이를 얼마나 진심으로 위하고 교육 활동에 전념할 수 있는지 눈으로 확인하고 싶어 오는 것이다. 그래서 학부모와의 만남 이전에 바탕이 되어야 할 것은 화려한 교육자료와 프린트물을 준비하기보다는 아이 한 명 한 명의 이름을 떠올리며 저마다 올해 아이들을 위해 교사인 내가 할 수 있는 바는 무엇일지 고민하고, 이를 학부모와 함께 나누면서 신뢰를 쌓으며, 아이를 위해 학부모와 함께 협력하고 서로 지원하려고 노력하고자 하는 마음이다.

이를 위한 좋은 방법으로 학기 초에 '아이 자서전'을 추천하고 싶다. 매년 학기 초에 '아이 자서전' 안내문을 가정에 배부하고, 다시 아이 편에 받아 보고 있는데, 이것을 통해 반 아이들을 학부모의 마음으로 이해할 수 있는 계기를 마련할 수 있고, 학부모의 성향과 교육적 바람 등을 엿볼 수 있어 아이들 교육 활동에 좋은 자료로 이용할 수 있다.

『아이 자서전』 : 태어나서 지금까지 살면서 아이가 겪었던 큰 사건부터 시작해서, 아이가 집에서 어떻게 생활하는지, 편식하는 습관은 있는지, 어릴 때 병을 앓은 적이 있는지, 어떤 놀이를 좋아하는지, 학원은 어디를 다니는지, 아주 구체적이면서 자세하고 자유롭게 쓰도록 안내해 학급 기초자료로 사용한다.

이럴 땐 이렇게 해 보세요

학부모님에게 받은 아이 자서전은 학년 초 아이들의 삶을 이해하고 아이가 하는 행동에 대한 단서를 얻을 수 있어 무작정 혼내기보다는 차분하게 문제에만 접근할 수 있도록 도와준다. 또 아이와 가까워지는 데 도움을 주며, 아이의 관심사와 흥미에 맞게 교육 활동을 수정할 수 있다. 또 그 아이의 행동 하나하나에 관심을 갖고 지도하는 데 도움을 받을 수 있다. 물론 교사가 아이를 만나면서 면면을 이해할 수도 있지만 그러기 위해서는 많은 시간이 필요하다. 또 아이들을 속속들이 이해하는 데 한계도 있다.

아이가 보여 주는 행동에는 분명 원인이 있고, 원인을 정확하게 파악해야만 그 결과에 대해 객관적으로 파악하고 지도할 수 있으므로 가정에서의 모습과 아이 성향과 자란 환경 및 아이 자서전에서 비춰 보이는 학부모의 성향을 바탕으로 한 해 아이들에 대한 교육 방향을 설정하는 데 많은 도움이 된다.

선물이
마음의 짐이 될 때

저도 고민 있어요

학부모들은 학교에 올 때 빈손으로 오기보다는 꼭 무엇인가 가지고 오려고 한다. 내 자녀를 가르쳐 주시는 선생님을 보는 자리여서 그냥 빈손으로 오기가 미안해서일까? 과거에 우리네 인정이 그랬듯이 서로 무언가를 주고받는 것이 더 정을 나눈다는 생각에서 그런 것일까? 그래도 요즘은 '김영란법'을 정해 교사에게 어떤 뇌물을 주는 것을 금지하고 있고, 또 그것을 목격하면 신고를 하게 되어 있어서 교사들의 마음은 조금 편하다. 그럼에도 불구하고 아직도 또 다른 형태로 선물을 주려고 하는 학부모들은 어떻게 대처해야 할까? 무언가를 받는 것은 교사의 마음에 짐 하나를 얹은 것과도 같으니 말이다.

"선생님! 이것 드세요."

"뭐야?"

"우리 집에서 재배한 표고버섯이에요."

"엄마가 주셨니?"

"아니요. 제가 챙겨 왔어요."

부모님이 챙겨 주지도 않은 표고버섯을 어떻게 가지고 왔다는 것인지 도저히 이해는 되지 않았지만 하얀 비닐봉지 안에는 아직 어려 보이는 표고버섯이 5송이가 들어 있었다.

"연빈이 어머니! 연빈이가 오늘 표고버섯을 가지고 왔어요. 어떻게 된 일인가요?"

"네, 선생님! 그것 처음으로 수확한 표고버섯이어서 연빈 아빠가 아침에 된장국에 넣어 먹자고 부엌에 가져다 놓았어요. 그런데 우리 연빈이가 그 소리를 듣고 처음 수확한 것이니까 선생님을 드려야 한다며 학교에 가지고 가서 저희도 먹어 보지 못했어요."

"아, 그런데 이걸 제가 먹어도 되는 걸까요?"

"선생님! 제가 드리면 뇌물이겠지만 우리 연빈이가 가지고 간 것이니까 그냥 마음 편하게 드세요. 저희도 하지 않은 일을 그 녀석이 챙기는 걸 보고 한편으로는 대견스럽더라고요."

요즘은 학생이 개인적으로 주는 사소한 것도 뇌물이 될 수 있다. 이 일은 김영란법이 적용되기 전에 있었던 일이다. 연빈이는 발음이 어눌하고 자신감도 없어 친구들 사이에서 자기를 잘 표현하지 못하는 아이였고 본인 스스로도 그렇게 소외되는 것에 아무런 불만을 가지지 않는 아이였다. 그런 연빈이가 내민 표고버섯을 들고 나는 만감이 교차했다.

'이것, 내가 먹을 수 있는 걸까?'

학부모도 아닌 연빈이가 가지고 온 버섯, 내가 아무리 연빈이에게 잘해 준다고 해도 우리 반 친구들 중 그 누구도 왜 연빈이만 잘해 주냐고 물어보지도 않을 많이도 부족한 아이였다. 오히려 6년을 함께 학교에 다닌 연빈이에게 관심을 가져 주는 선생님이 생겼다는 사실을 고맙게 생각하고 있을 것이다.

'연빈이의 진심을 받아들이고 맛있게 먹고 연빈이에게 필요한 교육을 더 성심성의껏 해 주는 것이 이 상황을 더 잘 받아들이는 일이겠지?'

사실 촌지를 받는다는 것은 받은 만큼 잘해 주겠다는 것을 전제로 암암리에 이루어지는 거래일지도 모른다. 매일 친구들과 다툼이 일어나는 수찬이의 이야기다. 자신의 감정을 감추지 못하고 기분이 나쁘면 기분이 나쁘다고 친구들에게 욕을 하고 가끔은 친구들을 때리기까지 하는 수찬이, 담임선생님은 최대한 감정을 누그러뜨리고 수찬이의 잘못에 대해 이야기를 하면서 다시는 그러지 않도록 담임선생님의 차원에서 해결했다고 한다. 그러면서도 수찬이를 따로 불러서 친구들과 친하게 지낼 것을 약속하기도 했다. 그 이후에도 수찬이는 자잘한 일들을 계속 벌였고, 그때마다 선생님은 모든 선생님이 그렇듯이 반성문 정도를 쓰게 하였고 학급의 친구들이 수찬이와 잘 지낼 수 있도록 전체 학생들을 대상으로 교육을 해 왔다고 한다. 그런데 어느 날 수찬이가 친구의 목을 손톱으로 긁으면서 상처가 났다. 그래서 담임선생님은 할 수 없이 수찬이의 부모님을 불러 자초지종을 이야기하고 상대방 학부모에게 사과의 전화도 하는 것이 좋을 것 같다고 말씀을 드렸다고 한다. 그런데 그때 수찬이 엄마의 반응은

"선생님! 제가 드린 것 돌려주세요. 이런 일 가지고 사람을 오라가라 할 줄은 몰랐어요. 학기 초에 제가 드렸던 상품권 돌려주세요."

사실 그 선생님도 그 상품권을 받았을 때 마음이 편하지 않았다고 한다. 더군다나 그 아이에 대한 소문이 그렇게 좋지 않았기 때문에 상품권을 뿌리치지 못한 것을 후회하면서 언젠가는 다시 돌려주리라는 마음으로 가방에 항상 넣어 가지고 다녔다고 한다.

'어쩌면 시집 안에 넣어서 준 상품권을 나중에 발견했기 때문일 수도 있었고, 수찬이의 엄마를 그 이후에 만날 기회가 없었기 때문일 수도 있다.'

그렇게 그 상품권은 그 선생님의 가방 속에 항상 들어 있었고 그 학부모가 돌려 달라는 말이 나오자마자 곧바로 돌려 드렸다고 한다. 정말 어처구니가 없는 상황이었다. 만약 그 학부모가 상품권을 돌려 달라고 했을 때 바로 주지 못했다면 어떤 일이 일어났을까? 아니 그 학부모는 그 상품권을 어떤 뜻으로 선생님에게 준 것일까?

'그것은 독약이었을까?'

'내가 선생님에게 무엇을 주었으니까 거기에 합당한 만큼 우리 아이에게 잘 대해 달라는 일종의 거래와 같은 것.'

많은 학부모가 형태는 다르게 교사에게 무엇인가를 주고 있다. 요즘은 카톡으로 '기프티콘'이라는 것을 선물해 준다고 한다. 하지만 김영란법에서는 그것마저도 받으면 안 되는 것이다. 교사가 피해를 입지 않으려면 신고를 해야 한다. 따라서 학기 초에 일체의 촌지도 받지 않는다는 안내를 학부모에게 하는 것이 슬기로운 교사 생활이다. 무언가를 주고받지 않았을 때 오히려 학부모에게 당당하게 나의 교육적인 소신을 밝힐 수 있는 것이다.

'뭐 그런 것을 가지고 이렇게 거부 의사를 표현하는지 모르겠다.'

'그냥 받고 우리 아이한테 조금 더 잘해 주면 되지 않나?'

'겉으로 너무 깔끔한 척하는 것 아닌가?'

이런 잘못된 학부모들의 생각들이 그동안 교사들을 얼마나 나약하고도 힘들게 만들었는지 생각해 보게 한다.

나도 저런 적이 있다. 어느 날 학부모님이 읽어 보시라고 주고 간 시집 속에 들어 있는 봉투를 발견한 적이 있다. 수고하신다고 주고 간 음료수 속에 넣어 둔 봉투를 발견한 적이 있다.

'내가 이 돈 다 모으면 부자가 되는 건가?'

이런 생각을 가지게 할 정도의 돈은 아니었지만 말이다. 교사로서의 자존심이 허락하지 않아서 학부모에게는 아무 말 없이 학생이 저금하는 날 저금통장에 그 돈을 넣었던 적이 있었다. 나중에 금액을 확인하던 아이는 나를 보며 이렇게 말했다.

"선생님, 저는 이렇게 많은 돈을 저금한 적이 없어요!"

"그래, 집에 가서 엄마에게 한번 물어볼래?"

그런 일이 몇 번 있은 후 학부모들에게 소문이 나서 그런 일은 다시는 일어나지 않았다. 처음 교단에 나오면서 나 자신에게 했던 말을 다시 한번 떠올려 보았다.

'내가 가르치는 아이들을 평등하게 대해 주겠다.'

'학생들이 가진 상황에 따라 차별하지 않고 모든 학생을 공평하게 대해 주겠다.'

아무리 작은 뇌물이라고 해도 학부모들이 주는 촌지는 정중하게 다시 돌려주는 것이 바람직하고 이 기회에 촌지의 의미에 대하여 잘 생각해 보았으면 좋겠다.

이럴 땐 이렇게 해 보세요

학부모가 어떤 형태로든 몰래 촌지나 뇌물을 주려고 할 때 나의 가르침에 대한 고마움 내지는 보상이라는 생각을 가지지 말고 조금 더 냉철하게 거절을 하시기 바란다. 그것이 아무리 사소한 것이라도 지금 내가 가르치는 아이들일 경우 더욱 그렇다. 이럴 때는 아주 정중하게 부모님에게 '내년에 제가 이 아이의 담임이 아닐 때 그때 찾아오시면 정말 감사할 것 같다'는 입장을 전하는 것은 어떨까? 꼭 신고당할까 두려워서가 아니라 내가 가르치는 아이들을 똑같은 모습으로 바라보는 일에 조금이라도 방해가 된다면 굳이 그것을 해서 마음의 짐을 하나 가질 필요는 없는 것 같다.

학부모는 자녀의 말을
곧이곧대로 해석하기도 해요

저도 고민 있어요

자녀의 말만 들으면 교사는 참 이상한 사람이 될 수밖에 없어요. 가끔 말도 안 되는 이야기를 했다고 우기는 학부모가 있어요. 학생들은 아마 복잡한 생각을 할 수 없어서일지도 모르겠지만 학교에서 있었던 일의 머리와 꼬리는 자르고 중간만 이야기하는 경우도 있어요. 이럴 때 학부모들이 담임선생님께 상황을 물어보기라도 하면 정말 좋을 것 같은데 학부모들은 자녀의 말을 곧이곧대로 믿고 선생님에게 전화하거나 찾아와 이야기를 해요. 차분히 그 상황에 대해 이야기를 들어 보고 부모님의 이야기를 해도 좋을 것 같은데 자녀의 이야기를 듣고 그것만 가지고 교사에게 왜 그런 말을 하셨냐고 말할 때는 정말 입장이 난처하게 돼요. 교사도 다 생각이 있어서 한 행동인데 학부모는 자기 아이만 생각하고 자기 아이의 입장에서 행동하는 것일까요?

학부모는 왜 이럴까요? 언제쯤 자기 자녀가 이야기를 그대로 전하는 것만은 아니라는 사실을 알게 될까요? 선생님도 아무 생각 없이 말하지는 않는다는 것을 알아준다면 얼마나 좋을까요?

친구랑 놀다가 다른 친구가 "하지 마." 하면서 옆 친구를 한 대 때리는 순간, 상대방 친구가 기다렸다는 듯이 똑같이 한 대를 때리는 것이었다.

아니 이것은 무슨 황당한 시츄에이션일까? 궁금증을 참지 못하고 그 학생에게 물어보았다.

"너 왜 친구 먼저 때렸어?"

"하지 말라고 하다가 실수로 때리게 되었어요."

"그래? 그렇구나! 너는 실수로 때린 거야? 그럼 너는?"

"우리 엄마가 맞으면 꼭 똑같이 때리래요."

뭐라고? 실수로 때린 상황에서도 이런 황당한 대답이 어디 있을까? 오 마이 갓!

"한 대 맞으면 참지 말고 한 대 때려라."

순간 이 친구의 엄마의 모습이 뇌리를 스쳐 갔다. 자식 교육을 이렇게 하다니? 이유도 따져 보지도 않고 '눈에는 눈, 이에는 이'를 외치다니?

그냥 넘어가면 안 될 것 같아서 세윤이에게 이야기를 했다.

"친구가 실수로 치게 된 거라는데, 실수로 치게 되었을 때에는 같이 때리면 안 되는 거예요. 그럴 때는 얼른 사과를 하고 사과를 받아

주어야 해요."

"그럼, 엄마 말을 안 들어요?"

"아니에요. 엄마 말을 무조건 안 듣는 것이 아니고요. 친구에게 한 대 맞으면 똑같이 한 대 때려 주어라는 좋은 말이 아니에요."

"친구가 일부러 때렸다고 해도 같이 때리면 싸움만 나게 되니까, 그럴 때는 그런 행동을 하지 말라고 외치거나 선생님께 말씀드려 친구가 다시는 때리지 않도록 하는 것이 더 좋은 행동이에요."

집으로 간 세윤이가 엄마에게 머리와 중간을 끊어 버리고 이렇게 말했다.

"엄마, 선생님이 이제부터 엄마 말 듣지 말래요. 아빠 말만 들으래요."

이럴 수가?

다음 날 심각한 얼굴로 노크하는 엄마의 표정에는 '나 기분 나빠요'가 노골적으로 드러났다.

"선생님이 우리 아이에게 엄마 말 듣지 말라고 말씀하셨어요? 아빠 말만 들으라고 하셨어요?"

'이런! 이런! 정말 세윤이 어머니는 나에 대한 개념이 있는 건지 없는 건지?'

"설마 제가 이런 말을 했다고 믿으세요?"

"네, 우리 아이는 거짓말을 안 하니까요."

처음 학교에 보낸 학부모는 참 전체적으로 교육을 보려고 하질 않는 것 같았다.

"소희 엄마, 애 교육 좀 잘 시켜요."

"죄송해요. 우리 아이가 조금 그래요. 말로 안 되면 자꾸 치는 습관이 있어요. 고치려고 해도 참 어렵네요. 앞으로 주의를 시킬게요."

담임인 나를 통하지 않고 직접적으로 소희 어머님께 전화해 아이 교육을 잘 시키라며 항의도 한 모양이었다.

"어머님! 학교에서 일어나는 모든 일은 담임인 저를 통해서 이야기 하시고요, 학부모님들끼리 직접 전화를 하는 것은 또 다른 감정싸움으로 이어질 수 있어서 염려됩니다."

세윤 엄마의 표정이 변한다. 선생님은 우리 세윤이 편은 안 들어주고 소희의 편만 들어 주어서 속상하다는 것을 뿜어내는 표정이 틀림이 없었다.

이것이 누구 한 명의 편을 드는 걸까? 교사의 입장에서는 아이들을 비교하기보다는 최대한 중립적인 입장에서 이해하려고 한다. 친구들끼리 놀다가 '툭' 건드리는 일은 학급에서 비일비재하게 일어나는 일이다. 그렇다고 서로 때리다가 보면 더 큰 문제가 발생하기 때문에 담임 입장에서는 그렇게 하지 말고 서로 사이좋게 놀라고 이야기하고, 작은 일에 서로 미워하는 감정이 생기지 않도록 '즉시 사과'의 방법을 쓰기도 한다. 사실 저학년 아이가 완벽한 아이가 어디 있을까?

"선생님! 세윤이가 제 책에다가 '똥개', '바보'라고 썼어요."

확실하게 짚고 넘어가길 좋아하는 세윤 엄마에게 이 사실을 알렸다. 사실 아이들이 놀다 보면 잘못할 수도 있고, 또 상대방의 아이만 잘못하는 것이 아니라 내 아이도 잘못할 수 있다는 것을 한번 짚어 주고 싶었다.

"어머님! 세윤이가 소희의 책에다가 '똥개', '바보'라고 썼어요."

"뭐라구요? 선생님? 우리 아이는 절대로 그럴 리가 없어요. 무슨 이유가 있었겠지요! 그리고 제가 그렇게 나쁜 짓 하라고 교육하지 않거든요."

씁쓸했다. 다른 아이의 잘못은 나무랄 수 있는 사람이면서 자기 아이의 잘못 앞에서는 절대로 그럴 아이가 아니라고 외치고 있다니!

확실히 학부모는 내 아이에게는 무한정 너그러우면서 무한 긍정의 마인드로 접근을 하고 있는 것이 맞다. 전체적인 모습은 보지도 않으려고 하는 근시안을 가지고 있기도 하다. 이런 경우에 교사는 무엇이 옳고 그르다는 것에 대하여 더 이상 이야기를 하지 않는 것이 좋은 것 같다. 학부모들이 모두 똑같지는 않으니까! 조금 더 시간을 두고 아이의 성장 시간 속에서 자연스럽게 깨달을 수 있도록 학부모에게도 시간을 주는 것이 현명한 방법이라고 생각한다. 학부모와 교사가 논리적으로 옳고 그름을 밝히지 않아도 되는 순간이라고 생각한다. 그냥 딱 거기까지만 시간을 멈추고 생각하면 될 일이다.

이럴 땐 이렇게 해 보세요

우리의 아이들이 100% 아니 더하지도 빼지도 않고 있었던 일을 전달해 주면 얼마나 좋을까요? 머리와 꼬리가 잘린 이야기를 100%인 것처럼 내 아이 말만 믿는 학부모 콤플렉스는 언제쯤 없어지는 걸까요? 가끔 학부모가 학생의 말을 걸러서 듣지 못해 생기는 오해가 교사를 황당하게 만들 때가 있어요. 교사는 참 난감하게 되지요. 증거라도 있다면 만들고 싶은 심정일 거예요. 이럴 때는 상황에 대하여 차분하게 설명을 해 주세요. 아이가 빼 버린 머리와 꼬리의 상황을 말해 주시고요. 근시안인 학부모보다 더 넓은 마음으로 이해를 시켜 주시기 바라요. 이런 모습은 학생들이 주로 저학년일 때 볼 수 있는 모습인데요. 학생들은 학년이 올라갈수록 집에 가서 전하는 이야기가 점점 줄어들어요. 아이는 아직 어리니까 나무라기보다는 힘들더라도 학부모에게 상황 설명을 하면서 차분하게 이해시키는 노력이 필요한 것 같아요. 결국 시간의 흐름 속에서 아이도 성장하고 학부모도 성장하게 될 것이니까요.

무엇보다 학생 안전은
최우선되어야

저도 고민 있어요

학교생활을 하면서 우리는 얼마만큼 학생들의 안전에 신경을 쓰고 있는 걸까? 대부분의 교사들은 학생 안전을 최우선으로 하지만 많은 교육 활동으로 가끔 신경을 못 쓸 때도 있다. 아홉 번 잘해도 한 번의 사고로 교사가 해 왔던 모든 일이 물거품이 될 수도 있다는 것을 잊지 말자. 하지만 학생들은 노는 데 정신이 팔리면 자신의 안전에 대하여 부주의할 수밖에 없는 존재이기 때문에 어른인 교사가 좀 더 관심을 가지고 돌보지 않는다면 잠깐의 시간에 발생한 사고에도 다칠 수 있다. 학부모들은 학생이 아침에 집에서 나간 그대로의 모습으로 집으로 다시 돌아오기를 바라니까 말이다. 그럼 어떻게 하는 것이 안전사고에 대처하는 방법일까?

거대한 공룡이 몇 천만 년 전에 잠들어 있을지도 모르는 높은 산지로 둘러싸인 탄광촌, 학생들이 운동장에서 뛰어놀다가 넘어지기라도 하면 빨간 피와 석탄 가루가 뒤섞여 흘러내리는 곳, 학생의 무릎에 난 상처가 아물어도 까만 석탄 가루가 문신처럼 남아 있는 곳, 가끔 시냇물을 검은색으로 그린 이곳의 학생이 그림대회에서 대상을 수상했다는 이야기가 전설처럼 남아 있는 곳…

어느 추운 겨울날, 우리 반 기철이가 체육 시간에 철봉에 매달렸는데 뚝 떨어졌다고 했다. 그것도 전담 시간에 일어난 사고인데 잠시 기절했다가 일어나더니 토하려고 하는 모습도 관찰되었다고 한다.

"어머님! 기철이가 체육 시간에 장갑을 끼고 매달렸다가 철봉에서 떨어졌는데요. 잠깐 기절했다가 깨어났지만 토하려는 모습이 있어서 지금 병원으로 가고 있어요. 병원에 가서는 아마도 MRI를 찍어 보아야 할 것 같아요."

"철봉에서요? 전 깜짝 놀랐잖아요. 괜찮아요. 선생님! 너무 걱정하지 마세요."

오히려 나를 걱정해 주고 있는 기철이 어머니! 별일 아니라는 듯 걱정하지 말라고 하는 기철이 어머니의 모습이 정말 이상하게 느껴졌다.

"어머니, 병원에 오실 수 있으세요?"

"아니오, 선생님! 저는 별일 없을 거라고 생각해요. 그냥 결과만 알려 주세요."

"네, 어머니! 조금 이따가 또 연락 드릴게요."

잠시 시간이 흐른 뒤 병원에 간 선생님께서는 의사 선생님으로부터 별 이상이 없을 거라는 이야기를 들었다고 했고 MRI를 찍은 결과에도 별 이상이 없다고 했다. 그리고 나는 학부모님께 이 사실을 알려 드렸다.

"선생님! 사실은요! 아침에 까마귀가 울어서 큰일이 일어날 것 같다는 예감은 있었는데요. 기철이가 철봉에서 떨어진 것은 큰일이 아니에요. 기철이 아빠가 탄광에서 일을 하는데 갱이 무너지는 사고가 났는지 알고 깜짝 놀랐어요. 그것만 아니면 돼요."

"네? 어머니?"

"남자 아이들만 셋을 키우다 보니 그런 것은 일도 아니에요."

'쿨한 것일까? 남자 아이들을 키우다 보니 상황을 들어 보면 짐작이 된다는 말인가? 철봉 높이를 생각하면 아무것도 아니라는 생각을 어떻게 하실 수 있는지?'

학생들을 지도하다 보면 별의별 일들이 다 일어나는 요즘 세상이다. 과학 시간에 모둠 활동으로 학생들이 삼삼오오 모여서 의논을 하고 있을 때 갑자기 수업 중에 일어난 일이다. 4학년 지현이가 액체 소화기를 바닥에 던졌다. 바닥에 널브러진 액체를 닦을 겨를도 없이 그 주변에 있었던 소윤이의 눈에 액체가 조금 튀었다고 했다. 나는 머릿속이 하얗게 되었지만 침착해야 했다.

"소윤아, 얼른 이쪽으로 와!"

학급의 아이들은 담임선생님께 알려 학급으로 돌아갈 수 있게 조치를 하였다.

"자 선생님이 물을 틀어 놓을 거야. 일단 손을 깨끗이 씻어, 그리고 두 손을 모아서 그 안에 물을 받아서 동그랗게 모아, 그리고 눈을 뜨고 그 물에서 빠르게 깜빡이면서 눈에 들어간 그 액체를 씻어 내는 기야."

"다시 물을 버리고 똑같이 물을 손에 받고 눈을 빠르게 깜빡이면서 그 액체를 빼내는 거야."

그렇게 하기를 10분 정도 반복했더니 이제 좀 괜찮다고 했다. 그래도 조금이라도 남아 있을 이물질이 걱정되어 이번에는 눈 안이 건조할 때 넣는 눈물 안약을 넣어서 자연스럽게 흘러내리게 했다. 그리고는 재빨리 시동을 켜고 병원에 전화를 하고 안과로 향했다. 물론 눈물 안약은 계속 넣으라는 주문과 함께 말이다. 아주 빠르게 안과에 도착하여 상황을 이야기하고 눈 검사에 들어갔다. 다행히도 그 안과는 학생이 다녔던 안과였다.

"선생님! 보건 선생님이세요? 이물질은 누가 씻어 내었죠?"

"제가요. 학생과 함께 씻어 냈는데요. 어떤가요?"

"이런 경우 이물질이 조금이라도 남아 있게 마련인데, 지금은 하나도 남아 있지 않아요. 잘하셨어요."

의사 선생님은 그 이후에도 이곳저곳을 관찰하였고 큰 이상은 없을 거라는 안도의 말씀과 함께 안약을 시간에 맞추어 넣으라고 말씀해 주셨다.

그제서야 소윤이에게 어머니 전화번호를 물어서 연락하게 되었다. 자초지종을 듣던 소윤이 어머니는 오히려 감사하다고 말씀을 하셨다.

쉬는 시간도 예외는 아니게 사고가 일어난다. 점심을 먹고 난 후 학생들끼리 놀면서 벌이 날아다니는 곳에 갔다가 순식간에 학생 한 명이 벌에 물리는 사고가 일어났다.

"선생님! 영우가 벌에 물렸어요."

"뭐, 어디 어디?"

"으앙! 여기예요."

"많이 아프니?"

"으앙! 숨쉬기가 힘든 것 같아요."

"잠깐만!"

자세히 보니 목 부분에 남아 있는 벌침이 있어서 그것을 뽑아내었다. 하지만 학생은 숨쉬기가 곤란하다고 했다. 곧바로 교장선생님께 말씀을 드리고, 학생을 진정시키면서 교무부장님의 차를 타고 병원으로 출발을 했다. 미리 병원에 응급상황을 알려서 도착 후 곧바로 조치를 취할 수 있도록 하였다. 다행히 빨리 병원에 도착하고 거기에 맞는 조치가 이루어져서 학생은 금방 안정을 되찾을 수 있었다.

학교에서 일어날 수 있는 그 어떤 사고에라도 교사는 바짝 긴장을 해야 한다. 또한 일어날 수 있는 어떤 상황에 대해서라도 안전교육이 사전에 이루어져야 한다. 그렇게 잘한다고 해도 어떤 사고는 일어날 수밖에 없다. 교사는 일어날 수 있는 만일의 안전사고에 대하여 교육을 하고 가끔은 일어난 사고에 대하여 응급조치를 적절하게 할 수 있는 해박한 지식을 갖추어야 한다. 학부모는 학생들이 아침에 학교에 나간 그 모습 그대로 집으로 돌아오기를 바라니까 말이다.

이럴 땐 이렇게 해 보세요

새내기 교사들에게, 학부모들은 선생님이 무엇을 어떻게 더 잘 가르쳐 주기를 원하고 있어요. 하지만 학생이 다치는 사고가 발생했을 때에는 그 어떤 것보다 더 민감하게 반응을 하기도 해요. 그래서 교실에서 학생들에게는 항상 귀에 딱지가 앉을 정도로 안전교육을 하는 것을 잊지 마세요. 그리고 교사 자신도 응급 상황에 처했을 때 어떻게 조치를 해야 하는지에 대한 공부도 미리 해 놓기를 바랍니다. 가끔 빠르게 대처를 하지 못해서 혹은 응급조치를 잘하지 못해서 더 복잡한 상황에까지 이르는 경우를 많이 보았기 때문이에요. 가끔 학부모는 학생이 다쳤더라도 아주 작은 일 하나라도 말해 주기를 원하며 별것 아니라는 판단은 학부모가 내려 줄 때까지 긴장을 늦추면 안 되어요. 그리고 책임감 있게 응급조치를 하고 상태를 보면서 병원 진료를 받을 수 있도록 해야 해요. 학생들이 안전하게 학교생활을 할 수 있도록 돕는 일 또한 선생님이 해야 할 일이니까요.

2장
학부모와의 관계 속에서
들여다본 교사의 고민들

〈제2장〉에는 학부모와의 관계 속에서 바라본 교사의 고민들을 담았습니다. 교사 생활을 하면서 그때 그렇게 했더라면 하는 후회는 늘 생기곤 합니다. 어떤 때는 노력을 해도 잘 안 되던 때가 있었습니다. 가끔 나의 뜻대로 일이 진행되지 않아 속이 상해서 울어 본 적도 있고, 해결되지 않은 일 때문에 잠을 못 이룬 날들도 있었습니다. 교권이 침해당한 것 같은 날들도 있었습니다. 하지만 그런 날에도 학부모는 함께 끌어안고 가야 하는 교육의 동반자였습니다.

학생들에게 지금의 이 시간은 시행착오를 해도 되는 시간이 아니고 한 번 지나가면 돌아오지 않는 소중한 시간입니다. 시간이 흘러가면서 자연스럽게 해결된 일들도 있었지만, 대부분의 일들은 우리 마음속 한구석에 생채기를 내면서 아물어 갔습니다. '교사는 있으나 참스승은 없다.'라는 말을 들을 때마다 얼마나 아파해야 그 길로 갈 수 있을까를 생각했던 적이 있습니다. 나중에 후회를 조금이라도 덜 하기 위해 항상 깊게 생각하고 조금이라도 더 합리적인 방법을 찾아 학부모와의 관계 속 여러 가지 일을 해결해 나가시기 바랍니다.

학교폭력이라는
무서운 네 글자

수업을 마치고 교실 뒷정리를 하고 있었다.

"따르릉, 따르릉."

교실 전화가 울린다. 뭔지 모를 불길함을 안고 전화기 쪽으로 걸어
갔다. 책상 위에 수화기를 들고 전화를 받았다.

"네, O학년, O반입니다."

"선생님, 지금 저희 반 학부모님이 전화하셨는데 선생님 반에 오경
석이라는 학생이 저희 반 수찬이를 때려서 아이가 울면서 집에 왔대
요. 어머니께서 화가 많이 나신 것 같아요. 학폭위(학교폭력대책자치위
원회)를 열어 달라고 말씀하셨어요."

1학년 선생님은 떨리는 목소리로 말하였다. 순간 평소에도 장난이
심했던 오경석의 얼굴이 떠올랐다. 2학년이지만 형제들 많은 막내라
서 다소 과격한 말과 행동을 하는 아이였다. 학년을 새로 맡았을 때

개구지다는 전 담임선생님의 이야기를 익히 들었다. 수업 시간에 전혀 집중하지 못하고 짝꿍의 공부를 방해한다거나 화가 나면 반 친구들에게 폭력을 일삼는다고 하였다. 하교 시간이 채 30분도 안 된 그동안에 무슨 일이 있었는지 궁금하여 전화하신 1학년 선생님께 물었다.

"무슨 일이 있었는지 아세요?"

그러자 1학년 담임선생님도 난처하다는 듯이 말을 전한다.

"오경석이 저희 반 수찬이의 가방을 발로 찼대요."

"왜 그랬는데요?"

가방을 찬 이유가 궁금해서 되물었다.

"선생님, 이야기가 길어질 것 같아서 제가 지금 선생님 교실로 갈게요"

1학년 담임선생님의 전화를 끊고 순간 머릿속에 '학폭위'라는 무시무시한 단어가 맴돌았다.

'학폭위가 열리면 가해자와 피해자가 생길 것이고 어린 학생들은 심리적인 충격을 받게 될 것이고, 더구나 각종 서류 처리는 어찌하랴!'

황급히 교실 문을 열고 들어온 1학년 선생님은 후배 교사이다. 다소 상기된 표정이었다.

"선생님, 하교하고 집에 가는 길에 아이들이 서로 같이 갔었나 봐요. 1학년 수찬이가 2학년 오경석의 이름을 부르면서 놀렸대요. 그래서 경석이가 화가 나서 도망가는 수찬이를 잡으려고 쫓아갔나 봐요.

그러다가 오경석이 수찬이의 가방을 뒤에서 발로 한 대 찼대요."

두 아이가 뜀박질하면서 달려갔을 장면이 머릿속에 떠올랐다.

'그래요? 가방 외에 다른 데를 때리지는 않았나요? 다친 아이는 없나요?'

자꾸만 한꺼번에 많은 질문들이 머릿속에 몰아쳤다. 이럴 때일수록 침착해야지 하면서 마음을 가다듬고 다시 물었다.

"수찬이가 먼저 놀린 게 맞나요?"

"네, 그런 거 같아요. 그래서 경석이는 가방만 한 대 찼는데, 수찬이가 많이 놀라서 집에 들어가면서 울었나 봐요. 어머니께서는 수찬이가 정신적 충격이 커서 학교에 가기 싫어한다고 하셨어요. 그리고는 학폭위를 열어서 처벌하겠다고 하셨고요."

나는 다소 흥분된 목소리로

"1학년 아이가 먼저 형의 이름을 부르면서 놀렸다면 그 아이도 문제가 있을 거 같아요. 저도 경석이 부모님과 얘기해 볼게요. 그리고 무슨 일인지 주변에 있던 아이들과도 상담해 보아야 할 것 같고요. 일단은 학폭위 담당 선생님께 사안 발생 내용을 말씀해야겠네요."

학교폭력예방법이 강화되면서 학부모가 요청하면 경미한 사안이라도 학폭위가 열리고 가해 학생은 1호 처분이라도 내려지는 게 그 당시의 실정이었다. 1호 처분은 학생부에 기재되어 졸업할 때까지 남아 있기 때문에 학생에게는 부정적 낙인이 아닐 수 없다.

가해자로 지목된 아이가 우리 반이라서 더욱 마음이 무거워졌다. 오경석 어머니에게 전화를 걸었다. 어떻게 말씀드려야 오해하지 않을 수 있으실지 여러 번 생각하면서 전화번호를 하나씩 눌렀다. 손이 떨리고 마음이 흔들리는 순간이다.

한참 통화 연결음이 나오고 나서

"네! 선생님, 무슨 일이세요?"

전화기 너머의 어머니는 바쁘신 듯 급하게 전화를 받으셨다.

"어머니, 안녕하세요? 잘 지내시지요?"

"아, 선생님, 제가 요즘 가게 일 때문에 많이 바빠서요. 그런데, 무슨 일이라도 있나요?"

나의 목소리에서 심상치 않음을 느끼셨는지 경석이 어머니는 걱정스러운 목소리로 물으셨다.

"어머니, 오늘 경석이가 집에 가다가 1학년 학생의 가방을 발로 찼대요. 1학년 수찬이라는 아이가 경석이의 이름을 부르고 놀려서 그랬다고 1학년 담임선생님이 수찬이 어머니 전화를 받았대요. 그런데 수찬이 어머니께서 학폭위를 열어 달라고 요청하셨어요."

내 이야기를 들은 경석이 어머니는 황당하다는 듯이

"선생님, 수찬이가 먼저 놀려서 그런 거잖아요. 그리고 가방 한 대 발로 찬 것이 학폭위까지 열 일인가요? 그러면 저는 그보다 더한 일도 많이 당했는데 다 학폭위 열어 달라고 해야겠네요! 선생님, 제가 아들만 셋 키우다 보니까 그런 일은 일도 아니에요. 뭐, 그런 게 학폭위 열릴 일인가요, 참네!"

어머니는 어이가 없다는 듯이 수화기 너머의 목소리가 점점 커졌다.

일단은 정확한 사항을 모르기 때문에 어머니부터 진정시켜야 하겠다는 생각이 들었다.

"어머니, 많이 놀라시고 화가 나실 수 있으세요. 그런데 어떤 일인지 경석이의 얘기도 들어 봐야 하고, 주변에 있던 아이들에게도 상황을 알아봐야 할 것 같아요. 우선은 경석이와 차분히 이야기 나눠보시고 저한테 다시 연락해 주세요. 요즘은 학교폭력 예방법이 강화되어서 예전과 다르게 아주 사소한 일이라도 학폭위를 요청하면 열어야 해요."

"제가 지금은 가게 일 때문에 바빠서 집에 들어가면 아이와 얘기해 볼게요."

주변이 시끄러워서 점점 더 목소리가 커진 경석이 어머니는 급하게 전화를 끊으셨다.

순간 커다란 벽 앞에 놓여진 기분이 들었다. 아무 일도 아닌 걸로 전화한 듯한 사람이 된 것 같았다. 그 정도 일을 담임선생님 차원에서 처리하지 못하냐는 듯한 숨은 뜻이 느껴졌다.

학기 초에도 늘 바빠서 아이들을 제대로 챙기지 못하셨다는 경석이 어머니와는 전화로만 상담하고 얼굴도 뵌 적이 없다. 경석이 어머니의 입장에서는 별일 아니라고 여기신 듯하다. 나 또한 아이들 간의 사소한 장난이었다면 학폭위까지 열리는 것은 심하다는 생각이 들었다.

하지만 이 사건은 결국 학폭위가 열리면서 경석이가 1호 서면 사과라는 처분을 받고, 처분이 학생부에 기재되는 것으로 처리가 되었다. 아직도 학폭위에 오셔서 고개를 떨구던 경석이 아버지의 얼굴이 생생하다. 나 또한 가해 학생으로 지목된 아이의 담임으로서 학폭위에 들어가 평소 경석이의 생활 태도와 교우관계에 대해 소명하였다.

마치 내가 아이의 부모가 된 것처럼 마음이 무겁고 좀 더 생활교육에 신경을 썼더라면 일어나지 않았을까 하는 착잡한 심경이었다. 1학년 학부모님께 찾아가서 한 번만 이해해 달라고 아직 어린 학생인데 학급에서 잘 지도하겠다고 했다면 학폭위까지는 열리지 않았을지도 모르겠다. 담임으로 그 정도는 더 했어야 하는데 못한 부분도 스스로에게 안타까움으로 남는 일이다.

소위 학교폭력이 발생하면 학부모는 지나치게 자기 아이 중심적이거나 또는 반대로 방관자적인 입장으로 아이나 담임교사에게 모든 것을 맡기는 경우가 있다. 때로는 아이의 잘못이 담임교사의 전적인 책임이 아니냐는 말로 교사에게 생채기를 내는 학부모도 있다. 교사 역시 아이의 인성이 가정교육의 부재가 아니냐는 책임 전가적인 말로 학부모의 마음에 상처를 준다. 잘못된 화살을 서로 겨누고 있다면 문제를 해결할 수 없다. 학부모도 교사도 결국 아이의 올바른 성장을 위해서 꼭 필요한 사람들인데 말이다.

너의 빈자리,
가슴 아픈 졸업식

6학년 담임이 되었다. 매번 저학년 담임만 하다가 오랜만에 고학년 그것도 최고학년을 맡게 되었다. 새 학기가 되면 아이들이 '새로운 담임선생님은 누가 되실까?' 기대하고 설레는 것처럼 담임도 '올해 만나는 아이들은 어떨까?' 기대하며 약간의 긴장과 두려움이 있는 것도 사실이다. 6학년 아이들은 이제 초등학교에서 가장 최고 선배라는 자부심이 있어서인지 사건 사고도 많고 생활교육을 하기에 어려운 면이 있다. 수업 시간에 발표도 하지 않으며 특히 음악 시간에 노래를 따라 부르는 아이들은 거의 없다.

그런데 이런 편견을 깨는 아이, 세은이가 있었다. 긴 생머리에 안경을 끼고 늘 환한 웃음을 띠던 소녀. 수업 시간에 바르게 앉아서 공부하는 것은 기본이고 발표도 어찌나 잘하는지, 그야말로 모범생이었다.

당시 나는 칭찬과 보상제도로 학교생활 점수 제도를 운영하고 있었다. 과제, 발표 등 칭찬받을 행동에 점수를 부여하고 매월 말 총점을 내어 가장 점수가 많은 아이들 Top 5를 선정하여 방과 후 아이들과 떡볶이, 피자 등을 시켜 맛있게 나눠 먹곤 했다. 12월 학년 말에는 특별히 1년 동안의 Top 5 아이들을 선정하여 저녁에 만나 영화도 보고 맛있는 것을 사 먹으며 즐거운 데이트를 했었다.

당연 세은이는 매번 항상 Top 1을 놓치지 않았고 늘 모범적으로 행동하기에 다른 아이들에게도 긍정적인 영향을 주는 아이였다. 나또한 6학년 아이들을 가르치면서 힘이 들기도 하지만 세은이 덕분에 1년 동안 즐겁고 행복한 한 해를 보낼 수 있었다.

그렇게 1년이 지나고 문제는 6학년 졸업식을 앞둔 이틀 전에 터졌다. 졸업식 사전 연습이 있었다. 세은이는 장학금을 받는 어린이였고 장학금을 받는 어린이들이 단상에 한 줄로 올라가서 장학금증서를 받았다. 졸업식 연습이 끝나고 그날 오후 세은이 어머니께 전화가 왔다.

"선생님, 오늘 졸업식 연습을 했나요? 세은이가 집에 와서 펑펑 울었어요."

"네? 무슨 일이 있었나요?"

"선생님, 장학금 받는 아이들이 다 가난하고 공부 못하는 아이들이라면서요? 우리 세은이가 그 아이들과 같나요? 자신이 왜 그들과 함께 서 있어야 하는지, 왜 거기 껴 있는지 속상했대요. 우리 세은이상 받는 거 아니었나요?"

순간 망치가 내 머리를 치는 듯한 느낌을 받았다. 당시 장학금 지급 선정 기준은 기초생활수급자, 차상위계층 등 가정형편이 어려운 학생을 대상으로 했다. 그리고 졸업생 포상 규칙에서는 상장 수상과 장학금 선정 두 개 다 지급은 할 수 없었다. 세은이는 상장 수상 또는 장학금 선정 두 가지 중 선택할 수 있는 상황이 되었고 나는 장학금 선정 명단에 세은이를 올렸다. 상보다는 장학금이 더 좋을 거라는 판단이 들어서였다. 그때 우리 반에서는 세은이가 장학금을 받으면 다른 친구 1명이 상장을 받을 수 있었다. 담임으로서 우리 반 아이들을 생각해 옳은 판단이었다고 생각했으나 세은이에게는 아픔이 되었던 것이다.

지나고 생각해 보니 세은이는 기초생활수급자와 차상위계층 아이들을 대상으로 하는 교육복지사업 사제동행 프로그램도 어머니가 거절하셨던 분이다. 어머니는 그것이 낙인이 될까 봐 겉으로 표시 나지 않기를 바라셨던 것 같다.

졸업식을 하루 앞두고 다시 세은이 어머니께 전화가 왔다.

"선생님, 세은이는 졸업식에 가지 않을게요. 세은이 졸업식에 가려고 멀리서 할아버지 할머니도 다 오셨는데 세은이가 가지 않겠다고 하네요. 그렇게 아세요."

결국 세은이는 졸업식에 오지 않았다. 졸업식이 끝나고 나는 오후에 세은이의 졸업장을 받으러 오라고 세은이 어머니께 문자를 보냈다. 오후에 연락을 받고 나는 교문 앞까지 나가 세은이에게 졸업장과 앨범, 장학증서를 전달해 주었다. 차 안에 계시던 세은이 어머니는 차에서 내려 아무 말 없이 인사만 하고 가셨다. 쌩하고 가는 차 뒷모습을 보면서 미안함과 알 수 없는 허무함이 느껴졌다.

세은이의 졸업식을 보러 멀리 할아버지 할머니도 오셨다지만 세은이가 안 간다는 이야기에 얼마나 담임인 나를 원망했을까. 인생에서 한 번뿐인 초등학교 졸업식인데, 내가 세은이에게 좋은 기억은커녕 아픈 기억을 준 것 같아 너무 미안하고 마음이 아팠다. 그때 세은이에게 장학금이 아니라 상장을 줄 것을, 그리고 조금만 더 세은이와 어머니의 마음을 헤아렸더라면….

나는 진심
교사이고 싶다

　2학기도 거의 다 끝나 갈 무렵에 있었던 일이다. 학생들을 하교시키고 업무로 인해 교무실로 발걸음을 옮기던 중 계단에서 세 분의 학부모님과 마주쳤다. 미리 약속을 하지 않았기에 무슨 일인지 너무나 궁금했지만 일단 학부모님께 정중히 교실에서 기다려 달라 부탁드리고 '무슨 일로 오셨을까?' 생각하며 교무실로 내려갔다. 일을 마치고 교실에 왔을 땐 감사하게도 학년부장선생님께서 미리 학부모님들의 이야기를 들어 주시고 그분들의 마음을 한결 편안하게 한 뒤여서 내가 이야기를 꺼내기가 한결 수월했다.

　"안녕하세요. 혹시 아이들에게 무슨 일이 있나요?"

　"학년이 다 끝나 가는데 이렇게 찾아와서 죄송합니다. 다름이 아니라 수업 시간에 영택이가 심하게 수업을 방해하여 수업 내용에 집중을 할 수 없다는 소리를 우리 애를 통해 자주 들었습니다."

한 학부모님께서 차분하게 이야기를 꺼내셨다.

"저희 아이는 지난번에 영택이에게 손톱으로 심하게 긁혀 얼마나 속상했는지 몰라요. 흉 질까 봐 얼마나 걱정이 되던지, 상처가 아물 때까지 애 아빠랑 걱정 많이 했어요."

손톱자국이라면 지난번에 친구들 사이의 관계(따돌림)로 인해 생긴 일에서 비롯된 아이들 몸싸움이었는데 그중에 우리 반의 영택이가 한 아이의 목 뒤를 심하게 긁어 놓은 사건이었다. 그리고 그 이후 영택이가 그 아이의 손목에도 손톱자국을 내서 학부모님이 엄청 속상해하신 일을 알고 있던 터였다. 물론 영택이의 어머니께서 사과도 하시고, 그 아이의 어머니께서는 직접 영택이를 만나 잘 해결되었다고 생각한 일이었다. 그런데 나만 그렇게 생각했었나 보다.

"영택이가 수업 시간에 리코더를 불어 시끄럽게 한다면서요! 선생님이 그만하라고 해도 멈추지 않는다고 우리 애가 그러더라고요."

"우리 아이 물건을 가져가서 달라고 해도 주지를 않는다고 해요. 한 번은 영택이가 화가 났는데 마침 우리 애가 영택이 앞에 앉아 있었나 봐요. 그때 영택이가 책을 바닥으로 내동댕이치고 자기 책상이나 의자를 앞쪽으로 밀어서 위협감을 주기도 하고 수업 시간에 의자에 앉아 있는 것을 힘들게 한대요. 심지어 기분이 나쁘면 친구를 때리기도 하고요. 이런 행동들이 다 학교폭력 아닌가요?"

"이런 일이 한 번이었으면, 이렇게 학교에 오지도 않았어요. 그런데 아이들끼리의 이런 일도 학교폭력으로 신고해도 되나요?"

불만이 가득 찬 표정으로 말씀하신다.

"저희가 이렇게 찾아온 이유는 앞으로 저희 아이들이 영택이와 이 학교를 계속 다녀야 하는 상황이잖아요. 영택이가 그런 행동을 했는데 영택이가 싫다고 저희 아이를 전학시킬 수도 없는 입장이고요. 저희들끼리 이야기해도 해결책이 명확하지 않아 너무나 답답해서 선생님과 상의를 해 보려고 이렇게 찾아왔습니다."

내심 학부모님들이 이렇게 찾아오셔서 교육청이 아니라 담임이라고 나에게 상의를 해 주시니 너무나 고마운 마음이 들었다. 그래서 담임으로서 잘 해결하고 싶은 마음이 들기까지 하였다.

"영택이의 부모님과는 자주 전화 통화를 통해 이야기를 하고 있습니다. 그리고 담임인 제가 보기에는 영택이가 나쁜 마음으로 친구를 괴롭히는 것 같지는 않네요. 학교생활에 다른 친구들을 힘들게 하는 행동이나 말을 하지 않도록 매일 지도하고 있으니 점차 좋아질 거예요. 친구들이 보기에는 변화가 없는 것 같지만 제가 보기에는 영택이도 나름대로 노력을 하고 있으니 어른들이 조금만 기다려 주는 건 어떨까요?"

"선생님, 다른 아이들은 뭔 죄가 있어 그것을 견디고 있어야 하나요? 그리고 행동의 변화가 있다고 하나 여전히 그런 행동을 하는데 혹시라도 또 전과 같은 일이 일어나면 어떻게 하나요?"

나는 순간 아차 했다. 내가 영택이의 편을 들고 있다는 생각이 들었는지 세 분의 학부모님들이 말이 끝나기 무섭게 말씀하셨다.

"영택이의 부모님과 만나서 이야기를 나눠 보시는 것이 어떨까요? 영택이에게도 자신의 문제행동에 대해 반성할 기회를 주고 행동 변화를 부모님과 함께 찾아야 하지 않을까 싶습니다. 그리고 잠시 기다려 주시면 그렇게 해도 좋을지 교감선생님께 말씀드려 보겠습니다."

영택이의 학교생활에 대해서는 1학기 때부터 교감선생님, 학년부장선생님과 끊임없이 문제 상황을 이야기하고 해결책을 찾기 위해 시간을 가졌으므로 별 거부감 없이 교무실로 내려가서 교감선생님께 말씀드렸더니 교감선생님께서는 곧장 생활부장(학교폭력담당)선생님을 불러 주시며 같이 가 보라고 하신다.

"담임선생님 저랑 같이 교실에 가세요. 이야기를 듣고 절차를 밟도록 하겠습니다."

'이게 무슨 소리?'

학교폭력 신고접수라는 무시무시한 단어가 가슴에 팍 새겨진다. 무슨 일이람! 학교폭력 접수라니!

'담임으로서 문제 상황을 가진 학생의 생활교육에 이렇게까지 능력이 없다는 말인가.'

너무나 창피하고 진짜 말로 표현할 수 없을 정도로 동료 선생님(생활부장선생님, 옆 반 선생님) 볼 낯이 없었다. 난 피해자, 가해자 모두 우리 반 학생이기 때문에 담임으로서 학교폭력 접수까지는 하고 싶지 않았다. 아마 모든 교사들도 그렇게 생각할 것이다. 생활부장선생님은 조용하고 차분한 어투로 학부모님들과 말씀을 나눈 뒤,

"(이하 생략) 학교는 중재 기관이 아닙니다. 그래서 영택이의 학부모님과의 만남의 자리를 해 드릴 수 없습니다. 어머님들이 말씀하신 대로 원하신다면 학교폭력으로 접수가 됩니다."

"네? 네."

순식간에 일어난 일이다. 학교폭력으로 접수가 되고 나는 그 자리를 떠야만 했다. 접수가 되었다는 소식을 뒤로 한 채로 퇴근을 했는데, 저녁 무렵 영택이의 아버지께서 전화를 하셨다.

"지금 문자를 받았는데 학교폭력으로 신고가 되었고 우리 영택이가 가해자라고 합니다. 도대체 무슨 일입니까? 학교 담당자에게 물어도 대답해 주지도 않고 많이 답답합니다. 이게 학생들 간의 일인데 사과할 기회도 주지 않고 덮어놓고 학폭이라니요? 저는 상대방 부모님에게 사과할 의향도 있습니다. 지난주에 저희 부부가 선생님과 상담도 하고 이제 잘해 보겠다고 다짐도 했는데, 선생님 어떻게 된 일인지 말씀 좀 해 주세요."

"죄송합니다. 영택이 아버님. 학교폭력으로 접수가 되면 담임이 그 일에 대해 관여할 수가 없다고 합니다. 궁금하신 점은 담당자에게 문의하면 답변해 준다고 합니다. 이 일을 제외하고는 영택이의 일에 대해 상의할 일이 있으면 언제든지 전화나 상담 가능합니다. 이렇게밖에 말씀 못 드려 죄송합니다."

"학교폭력 제도가 잘못된 거 같네요. 상대방을 알아야 이야기를 해 보고 잘못했으면 잘못했다고도 할 텐데…"

영택이 아버지께서는 서운함을 감추시지 못했다. 담임인 나도 이런 상황에 대해 무서움과 당혹스러움으로 가슴이 콩닥거리는데 당사자인 학부모님들은 더하면 더했지 덜하진 않았을 것이다. 그래도 난 미리 생활부장선생님이 이 일에 대해 학부모님께 전화가 오면 궁

급한 사항은 학교폭력 담당 교사에게 전화해 달라는 안내를 받았기에 떨리는 마음을 숨긴 채 담담한 목소리로 말씀을 드릴 수 있었다.

그다음 날부터 일사천리로 일이 진행되고, 학부모님의 요청에 의해 영택이의 등교 중지가 시행되었다.

등교 중지가 시행된 당일 날, 수업을 마치고 영택이의 어머니 핸드폰으로 전화를 했다. 걱정했던 대로 받지 않으셨다. 나도 혹시 받으면 무슨 말을 해야 할까 걱정했던 터라 안도의 숨을 내쉬고 문자를 남겼다. 물론 다음 날도 받지 않으셨다. 담임에 대한 신뢰가 바닥까지 내려가고 있음을 직감적으로 느꼈다. 하지만 전화 대신 문자를 보내면서 나 또한 창피하지만 영택이에게 믿음직스러운 교사가 되는 것을 포기하기로 했다.

학교폭력 자치위원회가 열리기 전 학교폭력 담당 선생님께서 영택이를 지도한 상담일지를 요구했다.

"제가 이 상담일지를 공개해도 되는 건가요? 상담일지를 공개하면 영택이가 자치위원회에서 판결을 받는 데 불리하지는 않나요?"

"선생님, 영택이의 이야기만 적혀 있는 게 아니고 다른 학생들의 상담 내용도 있잖아요. 편파적으로 내용을 적은 것이 아니고 있었던 일을 적었기 때문에 공개하셔도 됩니다. 그리고 영택이의 학교폭력으로 자치위원회를 열었는데 선생님께서 그동안 영택이를 위해 아무런 조치(상담)를 하지 않은 것이 오히려 문제가 됩니다."

그 말을 듣고서도 상담일지를 제출하는 것이 옳은지 그른지 결심이 서질 않았다. 이번 일에 연관되어 있는 학생들 모두 나의 학생이

므로 부디 서로에게 상처가 되지 않게 결론이 나기를 바라며 시간이 흐르기만을 바랄 뿐이었다.

학교폭력 자치위원회가 끝나고 결과는 나의 바람대로 되지 않았다. 학교폭력예방법 제17조 6호에 의거 제2차 등교 정지가 된 것이다. 등교 정지가 학교에서 처리되는 데 일주일의 시간이 걸리는 동안 영택이는 일주일 동안 학교에 나왔다. 하지만 나를 대하는 태도는 이미 불신 그 자체였다. 행동을 조심하는 듯했으나 간혹 예전의 행동들이 불쑥 나오기도 하였다.

"영택아, 그만하자."

또는 내가 중간에 서서 다른 학생과의 문제 상황을 막으려고 하면

"우리 엄마한테 일러 줄 거예요. 우리 엄마가 그러랬어요."

"우리 엄마가 선생님이 거짓말쟁이라고 했어요."

한 치의 망설임도 없이 영택이가 말했다. 이럴 때 정말 유치하지만 궁금해서 영택이의 어머니께 전화해서 묻고 싶었다. 진짜로 그 말씀을 하셨는지. 그런데 막상 진짜로 하셨다고 하면 서로의 치부를 보이는 상황이 생길까 두렵기도 하고 뭐 이런 일로 전화를 할까 싶기도 하여 전화하기가 어려웠다.

'내가 중간에서 중재를 잘했으면 이런 일까지 일어나지 않았을까? 담임인 내 선에서 학부모님들 자리를 마련했어야 되지는 않았을까?'

지금도 마땅한 해결책이 없는 나의 숙제이다. 학부모 상담이라면 연수도 듣고 관련 서적도 읽고 나름 정성 들여 잘해 왔다고 생각했는데 이 일로 인해 난 두 손 들고 구경만 한 교사가 된 것 같았다.

문득 영택이의 어머니에게 영택이가 수업 시간에 잘 참여를 하지 않는다고 했더니, "영택이가 그럴 때 선생님은 어떻게 하셨나요?"라고 하시던 말씀이 머리를 떠나질 않는다. 난 학생의 일거수일투족을 교사가 관여하기를 바라고, 한시도 눈을 떼지 않고 잘 관리해 주길 바라며, 오늘 하루 무슨 일이 있었는지 시시콜콜 다 알고 싶어 하는 학부모를 만났다.

　물론 교사가 학생의 일거수일투족을 잘 관찰하고 학생들을 잘 관리하고 지도하여 어제보다 더 나은 오늘을 그리고 오늘보다 더 나은 내일을 살아갈 수 있도록 도움을 주는 게 맞다. 진심으로 학생들에게 그렇게 하고 싶고, 또한 그렇게 할 수 있도록 항상 애쓰는 교사이고 싶다. 학생들이 위기를 기회로 삼아 성장할 수 있도록 도움을 주며 무한한 신뢰감을 줄 수 있는 교사이고 싶다. 난 진심 교사이고 싶다.

나는 아프지만,
선생님은 괜찮아

오늘도 방과 후에 교실에 남아서 준석이는 내가 내어 준 수학 셈 과제를 하고 책 속에서 모르는 낱말을 옮겨 적고 있었다. 그때 교실 뒷문에서 들리는 쿵쿵쿵 문을 두드리는 소리!

"준석아, 이 낱말 소리 내서 읽으면서 5번만 더 쓰고 있어."

서둘러 나간 교실 복도에는 얼굴이 벌건 상태로 아주 기분이 나빠 보이는 표정의 준석이 아버님이 와 있었다.

"준석이 아버님, 학교는 어쩐 일이세요?"

"우리 준석이 버러 왔슴다."

진한 술 냄새! 순간 작년 학기 초 만취 상태에서 부장님 반이 아 니라고 담임을 바꿔 달라고 입학식을 엉망으로 만들었다고 들었던 일도 떠오르고, 평소 준석이가 아빠가 술을 드시면 자꾸 혼내고 때 린다는 말을 들은 게 기억이 났다. 술 냄새가 나는 데다 눈빛도 명하고, 말 전달도 잘되지 않는 상황이라 아이를 만나게 하면 안 될 것 같다는 생각이 머리를 스쳤다.

"준석이 아버님, 죄송해서 어쩌죠? 준석이 공부가 아직 마무리가 안 되었는데, 저녁에 준석이가 집에 가서 만나시면 어떨까요?"

"내 자식을 애비가 마음대로 못 본다는 게 말이 되냐고? 준석이 어디 있어!"

준석이 아버님이 갑자기 화를 내며 교실로 들어가려고 하셔서 교실을 막아섰는데 대뜸 나의 멱살을 잡으셨다.

"그래! 내 아들 나머지 공부한다. 네가 선생이면 선생이지 아들을 못 보게 해?"

처음 교사가 되어 이런 극한 상황에 몰렸을 때 난 어떻게 할까를 고민했던 적이 있다. 차분하게 학부모를 진정시키고, 안전하게 아이를 지켜 낼 수 있을 거라 생각했는데 막상 멱살을 잡히고, 얼굴에 침을 맞으면서도 아무 생각도, 어떻게 행동해야 할지도 떠오르지 않았다. 너무 심한 술 냄새와 침으로 고개를 돌렸는데, 교실 뒷 창문에서 걱정스럽고 무서워서 떨고 있는 준석이와 눈이 마주치고 말았다. 그 순간 침착해야겠다는 생각이 나를 멍한 심연의 세계에서 현실의 세계로 데려다 놓았다.

그때 저쪽 계단에서 학교 보안관님과 옆 반 선생님이 서둘러 달려오는 게 보였다. 보안관님은 준석이 아버님을 잡아 나에게서 떼어 놓으며 말했다.

"아직 수업이 안 끝나서 오시면 안 된다고 이야기했는데, 여기까지

와서 이게 무슨 일입니까? 나랑 같이 이야기하세요."

준석이 아버님은 학교 보안관님과 함께 밖으로 가면서 계속 알아들을 수 없는 말로 나에 대한 욕설을 하시는 것 같았다. 2학년인데 10부터 거꾸로 세기도 못 하고, 한글도 잘 읽지 못하는 준석이를 남겨서 지도하는 게 잘못이고, 받을 벌이 멱살잡이와 모욕이라면 이 세상 어느 누가 교사를 하고 싶어 할 것인가? 그 교사를 내가 지금 하고 있다는 생각과 준석이의 눈빛이 생각나 얼른 복도에서 정신을 가다듬고, 교실로 왔다.

"준석아, 오늘은 공부 여기까지만 하자. 이제 학습 클리닉실로 가야겠어. 늦었네. 선생님이 데려다줄게. 가방 챙기렴."

가방을 싸면서도 자꾸 내 눈치를 살피는 준석이가 너무 안쓰럽고 불쌍했다. 이런 무서움을 혹시 이 아이는 자주 겪는 건 아닐까?

준석이는 베트남 엄마와 예순이 넘은 아빠, 팔순이 넘은 할머니 이렇게 네 식구가 함께 사는데, 요즘 아빠가 다시 술을 많이 먹기 시작해서 엄마를 욕하고 때린다고 했다. 그래서 그런가 요즘 준석이는 학교에서 나쁜 말로 친구들에게 상처를 주고 티격태격 다툼을 자주 일으키는 등 불안한 모습을 보이고 있었다. 어제는 술을 먹고 아빠가 엄마를 자꾸 욕하고 때려서 할머니가 삼촌(엄마 남동생) 집에 가서 자고 오라고 했다고 말했다.

"아버님이 우리 준석이가 많이 보고 싶으신가 보다. 그리고 때로 어른들은 너무 힘이 들어 버티기 힘들 때가 있는데 준석이 아버님이 지금 그럴지도 몰라. 준석이가 걱정돼서 학교에 오신 거니까 이따 집에 가서 잘 말씀드려. 선생님은 괜찮으니 걱정 말고…"

들릴 듯 말 듯 힘없이 대답하고 도망치듯이 얼른 교실을 나가는 준석이를 보고 나는 털썩 주저앉았다. 그리고 정신이 드니 눈물이 났다. 눈물을 닦고 일어서려는데 다리에 힘이 들어가지 않아 다시 주저앉고 말았다.

그 상황이 다시 반복된다고 해도 나는 솔직히 잘 대처할 자신이 없다. 자꾸만 그 상황이 머릿속에서 반복되어 재생되는 통에 한동안 정신을 차릴 수 없었다.

그 뒤에도 준석이 아버님은 계속 학교에 나타났다고 들었다. 비록 교실로 다시 오지는 않았지만 보이는 대로 바로 학교 보안관님이 학교에서 내보냈다고 들었다. 그래도 술에 취한 사람이 학교에 계속 출입하는 건 다른 학생들의 안전에도 문제가 되기에 학생안전부장님은 다음 날도 학교에 오면 경찰에 신고를 하겠다고 하셨다.

그 이후에도 나는 준석이와 아이들과 함께 수업하며 바쁜 일정을 보냈지만 이 글을 쓰는 나는 아직 괜찮지 않다! 사실 어떻게 괜찮을 수 있겠는가. 다만 전보다 더 밝아지고, 나를 믿고 내 이야기를 들으려고 노력하는 준석이를 보며 힘을 내 보는 것이다. 준석이가 어쩌면 나보다 더 아프고 지쳐 있지만 나를 보고 힘을 낼 수 있도록.

내 아이가 중요하듯
다른 집 아이들도 소중해요

나의 첫 발령지는 원주 변두리의 36학급 학교였다. 변두리 학교치고는 규모도 크고 나중에 안 사실이지만 학부모님들의 민원이 끊이지 않는 학교로 유명했다. 나는 3학년 6반의 담임이 되었다. 3학년이라면 어느 정도 읽고, 쓰기도 되기에 딱 적당한 학령기를 맡게 되어 다행이다 싶었다. 나의 첫 제자들을 만나러 가는 순간 얼마나 떨리던지 교실까지 걸어가는 그 사이 무슨 말부터 해야 할지, 무엇을 해야 할지 정말 막막했다. 교실 문을 열기도 전에 벌써부터 아이들의 재잘거리는 말소리가 복도로 새어 나오고 있었다.

내가 교실 문을 여는 순간, 그렇게 시끄럽던 교실이 갑자기 조용해졌다. 나의 자리로 발걸음을 옮기는 동안에도 아이들의 눈동자는 나를 좇고 있음을 느낄 수 있었다. 나를 유심히 살펴보고 있는 어린 아이들의 눈길이 따갑다는 생각이 들었다.

이제 아이들에게 나를 소개할 차례가 왔다. 나의 이름을 칠판에 썼을 때 유독 큰 소리로 내 이름을 외치는 아이가 있었다.

"이! 영! 인! 이! 영! 인!"

그땐 나를 너무나 반갑게 맞아 주는 것이겠거니 생각했었다. 심지어는 고맙기까지 했다. 하지만 점점 이상한 일들이 일어났다.

"선생님, 준영이가 저 때렸어요."

"그래? 어디를?"

"저는 아무 짓도 안 했는데 그냥 때렸어요. 시후도 봤어요."

나는 준영이와 시후를 데리고 오도록 했다.

"준영아, 연아를 때렸니?"

"아뇨."

"시후도 너가 연아를 때렸다는데?"

아니라고 딱 잡아떼는 느낌이 아니라 정말 안 때린 듯했다. 연기력이 뛰어나 그런 대답을 한 것 같지도 않았다.

"준영아, 연아는 네가 때려서 기분이 나빴대. 넌 기억 안 날지 모르지만 연아가 기분이 나빴다니 사과하자."

"미안해."

"괜찮아."

그렇게 시큰둥하게 둘은 화해를 했다.

그러다 정말 큰 사건은 수학 시간에 벌어졌다. 갑자기 준영이가 가위를 들고 일어나서는 옆에 앉은 친구에게 찌를 듯이 치켜들었다.

"준영아, 왜 그래? 무슨 일이야? 가위 치우지 못해?"

너무 놀라 나는 소리쳤다. 그래도 화가 난 듯 옆 친구를 노려보고 그대로 서 있다.

"준영아! 앉으래도? 빨리 가위 내려놓지 못해?"

정말 큰일이라도 날까 봐 두렵고 무서웠다. 준영이는 금방이라도 찌를 듯이 화가 잔뜩 나 있다.

"준영아, 왜 그래? 가위 내려놓고 얘기하자."

무엇보다도 준영이를 안정시키는 것이 좋을 것 같아 달래듯 이야기하였다.

"쟤가, 쟤가, 저보고 바보래요."

"아니야, 너는 바보 아니야, 네가 그걸로 친구 다치게 하면 그게 바보인 거야. 어서 가위 내려놓고 앉자."

가까이 다가가 가위를 얼른 뺏고 자리에 앉혔다. 준영이는 순순히 자리에 앉았고 책상 위를 뚫어져라 바라만 보았다. 준영이에게 바보라고 한 친구를 잠깐 나오라 하고 아이들을 쉬도록 했다.

"왜 준영이가 너한테 그런 거니?"

쉽게 말을 못 하더니

"준영이가 문제를 못 풀길래 바보라고 했어요. 그랬더니 갑자기 그런 거예요."

"그랬구나. 준영아, 이리 나와 봐."

준영이는 자기 자리에서 책상 서랍을 보다 책을 넣었다 뺐다를 반복하며 앉아 있다가 내 목소리를 듣고 앞으로 나왔다.

"준영아, 친구가 잘못했대. 용서해 줄래?"

"바보라고 한 거 미안하다고 말하자."

옆 친구는 순순히 미안하다고 말했고, 준영이는 발을 구르며 '흥!' 하더니 또 한 번 발을 구르며 '흥!' 하고 마는 것이다. 사과를 받아주겠다는 건지 싫다는 건지 통 알아차릴 수가 없었다. 그러더니 획 돌아서 자리에 가서 앉았다.

"사과 받아 준 거지? 받아 준 거다." 하면서 장난치듯 말했고, 준영이는 고개를 끄덕였다.

그 일로 준영이가 화가 나면 분노 조절이 안 된다는 사실을 알게 되었다. 그 뒤로도 수업 시간에 돌아다니기, 하고 싶은 대로 행동하기 등등 나는 금지어를 뿜어 내는 잔소리쟁이가 될 수밖에 없었다. 동학년 선생님들과 계속 이야기하고 선배님들에게 지도하면서의 고충을 자주 이야기하였더니 모두 ADHD 같다고 말씀하셨다. ADHD에 대한 책도 읽고 해결 방법도 찾아보았다.

그렇게 3월 한 달이 지나고 4월 학부모 상담주간이 다가왔다. 너무나 준영이의 어머니를 만나고 싶었다. 하지만 나의 짧은 경력으로 게다가 아이들을 많이 접해 본 것도 아닌데 준영이를 'ADHD'라고 단정 지어 말하는 것은 아닌지 걱정이 되었다. 어떤 말씀을 드려야 할까 매일 밤 고민이 되었다. 드디어 준영이의 어머니가 학교에 상담을 하러 오셨다.

"어머니, 준영이가 평소 학교에서 있었던 일들을 잘 말하나요?"

"아뇨, 그다지 말을 많이 하는 편이 아니어서 제가 묻는 말에 짧게 대답하는 게 다예요."

나는 그동안 학교에서 준영이가 보였던 행동과 말들에 대해 상세하게 알려 드렸다. 어머니는 준영이가 그렇게 생활하리라고는 생각지도 못했다고 하셨다. 그저 1, 2학년 때 담임선생님들이 산만하다고 하셔서 크게 걱정을 하지 않고 계셨단다. 사실 준영이는 공부를 곧잘 한다. 이해도 빠르고 받아쓰기도 잘하고 수학도 잘한다. 정말 모르셨을까 의심도 가지만 부모님들이 맞벌이기도 했고 아이들과 많은 이야기를 나누지 않으면 모를 수도 있었으리라 생각한다. 나는 솔직히 이야기했다.

　"어머니, 이런 말씀드리기 죄송하지만 준영이가 ADHD같아요."

　"아니, 선생님. 지금 우리 아이를 정신병자 취급하시는 거예요?"

　"ADHD는 스스로가 제어가 안 되는 거예요. 원해서 그런 행동을 하는 것도 아니구요. 병원에 가서 진단을 받고 처방을 받는 게 준영이가 학교생활을 잘할 수 있게 만드는 방법인 것 같아요."

　"우리 애는 단지 산만한 것뿐이에요. 글도 잘 읽고, 수학도 얼마나 잘한다구요."

　그렇게 어머니는 ADHD 판정을 받으면 큰일이라도 날 것처럼 펄쩍 뛰셨다. 아마 도움반(특수학급)으로 가는 줄 아셨는지도 모른다.

　"어머니, 기분 나쁘셨다면 죄송해요. 하지만 요즘은 ADHD 아이들이 많아요. 각 학급에 한 명 정도씩은 다 있답니다. 제가 의사는 아니지만 약으로도 충분히 치료가 가능하다고 해요. 불편한 것을 없애고 학습에 대한 집중도 높이고 친구들과 사이좋게 만들 수 있다고 해요."

그렇게 권유를 해 드렸지만 어머니께서 안 받아들이시면 어쩌나 고민이 되었다. 고작 교직에 갓 들어온 새내기 교사의 말을 믿어 주시고 따라 주실까도 의문이었다. 하지만 다행스럽게도 어머니는 준영이를 데리고 병원을 가셨다. 검사결과 ADHD 판정을 받았고 치료약도 처방받았다. 그 뒤부터 준영이는 학교에서 가끔 약이 안 맞아 날 힘들게 할 때도 있었고 친구들과 부딪히는 경우도 있었지만 큰 무리 없이 1년을 마쳤다. 나는 준영이 덕분에 그해 특수교육대학원 입학을 선택하였다. 앞으로 준영이와 같은 아이들을 또 만날 것 같은 예감이 들었고, 그런 시련이 또 왔을 때 내가 헤쳐 나가지 않으면 안될 것이기에 배움을 도전해 보기로 했다. 그렇게 공부하여 드디어 '초등 특수교사 1급 정교사' 자격증을 취득하게 되었다. 하지만 공부한 내용과 현실이 가끔 동떨어져 차이가 있을 때도 있다.

교직 경력 15년차에 나는 또 ADHD 친구를 만났다. 이 아이는 ADHD약을 이미 복용하고 있었고 1학년에 입학할 당시 부모님은 아이가 ADHD임을 학교에 알리지 않았다. 그 아이를 만난 순간부터 ADHD라는 것을 알고 있었지만 부모님께서 먼저 말씀을 꺼내 주실 때까지 기다렸다.

"선생님, 사실은 우리 아이가 ADHD약을 먹고 있어요. 원래는 작은 학교에 보내고 싶었는데 친구들도 많고 일반 학급에서 지내는 게 아이한테 좋을 듯하여 큰 학교에 입학시켰습니다."

"그러셨군요. 다행히 시욱이는 폭력성이 없어서 친구들을 함부로 때리거나 하는 것은 없어요. 책도 잘 읽고 이해력도 좋은 게 어머니께서 가정에서 많이 가르쳐 주신 덕분인 듯합니다. 어머니, 시욱이를 특수학급에 넣는 것은 어떨까요? 계속 특수학급에 있는 것이 아니라 저희 반에서 주로 생활하다 특수학급으로 가서 주지 교과를 배우면 될 것 같아요. 시욱이는 학습이 되는 아이라 일대일 맞춤형 수업이 더 맞을 것 같습니다. 우리 반에서 지내면서 친구들과도 생활하구요."

말은 그렇게 했지만 우리 교실은 하루하루가 전쟁터이다. 친구들은 시욱이의 돌발행동을 싫어한다. 내가 시욱이를 신경 쓰다 보면 수업에 방해가 된다. 시욱이에게 우리 반은 좋은 놀이터일 수 있지만 다른 친구들에게 시욱이는 공부를 방해하는 장애물에 불과하다. ADHD 학생의 문제점은 자기중심적이기 때문에 다른 사람을 전혀 배려하지 않는 것이다. 물론 이런 행동들이 자의에 의한 것이 아니라는 사실이 더욱 안타까웠다. 이런 것을 생각하면 나는 시욱이 어머니에게 작은 학교를 권하고 싶은 마음도 있었다. 하지만 나도 이렇게 힘든데 시욱이를 맡게 될 일반학급 담임교사는 얼마나 힘들까? 게다가 일반 학생들이 피해를 볼 수 있는 상황이 많이 발생할 것이다. 이러한 이유로 나는 시욱이의 전학을 반대하고 있었다. 차라리 특수학급 입급을 권유했다.

장애학생의 부모님들은 아이의 특별함을 인정하지 않고 일반학급에서 지내다 보면 괜찮아지겠지라는 희망을 갖고 있다. 나도 부모의 마음을 모르는 것은 아니지만 내 아이가 중요하듯 다른 집 아이들도 소중한 존재라는 사실을 잊지 않았으면 한다.

님아! 그 문을
나서지 마소서!

무더운 여름날, 서 있기만 해도 땀이 비질비질 흘러내리는 어느 날 아침부터 교무실이 시끄럽다. 한 학부모가 씩씩거리며 가만히 있지 않겠다며 교실로 올라갔다는 것이다.

'무엇이 학부모를 이렇게 화나게 했을까?'

'무슨 말을 어떻게 해야 할지?'

'어떻게 학부모를 말려야 할지?'

'대화는 통할지?'

순식간에 많은 생각을 하면서 학부모가 올라간 이 층을 올려다보고 있었다. 잠시 뒤 두 아이는 가방을 메고 엄마를 뒤따라 내려오고 있었고 엄마는 상기된 얼굴을 하고 아이들의 앞을 서둘러 내려오고 있었다.

중앙현관문이 반쯤 열려 있었고 나는 반쯤 열려 있는 중앙현관문

에 몸을 기대고 서 있었다. 아주 침착하게 학부모에게 내민 말은

"어머님! 선생님이 무슨 큰 잘못을 했는지는 모르겠지만… 지금 이 문을 나서는 순간, 어머님이 선생님보다 더 큰 잘못을 하시는 거예요."

멈칫한 어머님의 발걸음, 나는 그 순간을 놓치지 않고 아이들에게 말을 걸었다.

"얘들아, 너희들의 생각을 말해 봐. 지금 너희들이 엄마를 따라 집으로 가는 것이 옳은지? 교실로 다시 돌아가는 것이 옳은지?"

고맙게도 작은 목소리이지만 자신들의 생각을 씩씩하게 대답하는 아이들.

"저희는 교실로 돌아가는 것이 옳은 것 같아요."

"그래, 너희들은 교실로 올라갈래? 선생님이 어머니랑 이야기를 나눌게."

덥석 어머님의 손을 붙잡고,

"어머님! 저랑 차 한잔 하시면서 이야기 좀 나누실래요?"

나의 얼굴을 뚫어지게 쳐다보시던 학부모님은 나에게 누구냐고 물었다. 그렇다. 교문을 들어와 현관문을 열고 교무실에서 한바탕 소리를 지르고 이 층으로 올라가 아이의 학급으로 들어가고 아이에게 짐을 챙기라고 소리를 지르면서 다시 계단을 내려올 때까지 아무도 어머님의 행동에 브레이크를 걸지 않았기 때문이었다. 어쩌면 어머님의 행동에 브레이크를 걸어 준 나를 고맙게 생각하는지도 모르겠다는 생각이 들었다.

"저요? 저는요. 이 학교에 근무하는 선생님이고요. 어머님의 이야기를 들어 드리고 싶어서 기다리고 있었어요."

우리는 차 한 잔씩을 가지고 나무 그늘이 있는 벤치에 앉았다. 어머님은 그동안 있었던 일들과 자신이 왜 이렇게까지 화가 났는지에 대해 이야기해 주셨다. 들어 보니 어머님의 입장에서는 당연히 화가 날 수밖에 없는 이야기였다.

"어머님, 속상하시겠어요. 그런데 담임선생님은 왜 아이들에게 그렇게 하라고 했을까요? 요즘 6학년이면 성장이 엄청 빠른 것 아시죠? 또 여학생들이라 너무 짧은 핫팬츠를 입었을 경우 보기에도 좋지 않고, 교육적으로도 문제가 될 수 있어서 그렇게 한 것 같거든요."

"저도 그건 알죠! 그런데 지금 날씨 좀 보세요. 서 있기만 해도 땀이 삐질삐질 나는 것 말이에요. 그런데도 속 터지게 안에다 속바지를 입고 무릎 아래로 내려오는 치마만 입어야 하니 얼마나 속상한지 아세요? 땀띠도 생겼단 말이에요. 그래서 정중하게 부탁을 했죠! 요즘처럼 더운 여름날에만 예외 조항을 주면 안 되시겠냐고요? 그런데 안 된다고 하잖아요."

그제야 알게 되었다. 담임의 확고한 교육관과 어머님의 자녀를 지극히도 사랑하는 마음이 충돌했다는 것을!

"어머님! 담임선생님을 조금만 이해해 주시면 안 되시겠어요? 어머님 동생분이 교사로 발령 났는데 경력이 얼마 되지 않아서 부모님의 마음을 이해 못 한다고 생각하면 이해해 줄 수도 있지 않나요? 저도 요즘 젊으신 선생님들이 하시는 행동들이 모두 마음에 들지는 않아요. 하지만 사회 초년생인 선생님에게도 시간을 줄 수 있지 않나요? 이렇게 커다란 문제를 만들어 버리면 아이들 앞에서 제대로 당당하게 교육을 할 수 있을까요?"

나중에 담임선생님께 이 일에 대하여 물어보았는데 '짧은 바지나 치마를 입지 말자'고 한 것은 학생들 스스로가 정한 규칙이라고 했다. 또 담임선생님은 학생들 스스로가 정한 규칙이니까 그 규칙을 지켜야 한다는 확고한 입장을 가지고 있었던 것이었다. 부모님께서도 그 사실을 모르고 있었던 것은 아니었지만 무더운 여름날에 긴 바지로 인해 땀띠가 나게 되니까 선생님에게 정중한 부탁을 했었고, 그 부탁이 받아들여지지 않자 급기야는 화가 나서 학교로 달려온 것이다. 나중에 이 일은 담임선생님이 학급의 아이들에게 너무 짧지 않은 치마나 바지를 입지 않는 것으로 타협이 이루어졌다고 했다. 이 이야기에서 생각해 보고 싶은 것은 과연 학부모는 무조건 앞도 안 보고 문제를 일으키는 존재인가 하는 것이다.

'만약 이 이야기가 다르게 전개되어 학부모님이 아이들을 데리고 집으로 가 버렸다면? 그리고 선생님을 상대로 여러 가지 문제를 걸면서 처음 말한 그대로 교육청에 전화를 걸고 상황을 크게 끌고갔다면?' 어떻게 되었을지 생각해 본다. 교육청에서는 학교에 무슨 일이 일어났는지 조사하게 될 것이고 교감선생님께서는 어떤 일이 일어났는지 담임선생님에게 여쭈어볼 것이고, 담임선생님은 학급에서 학생들이 정한 규칙에 대한 이야기를 하게 될 것이다. 그리고 학부모가 담임선생님께 학생이 땀띠가 나서 더운 여름날만 예외로 해 달라고 정중한 부탁을 하신 것까지도 말이다. 그다음은 아마도 '학생의 입장에서, 학부모의 입장에서 조금만 더 생각해 줄 수 없었는가?' 하는 이야기가 나오게 될 것이다.

학급의 규칙은 사안이 발생했을 때 다시 한번 학생들과 머리를 맞대고 바꾸어 가는 것이 좋을 것이다. 굳이 학부모의 문제 제기를 받으면서까지 한 번 정한 규칙을 고집해야 할 어떤 이유가 있는 것인지 충분히 생각해 볼 일이다.

학부모는 어떤 존재일까? 아이들의 문제에 있어서 물불 안 가리는 존재일까? 학부모도 때론 담임선생님과 타협하기를 원하고 정중히 부탁도 할 줄 아는 사람이다. 어쩌면 넘어서는 안 될 '문'이 있다는 것은 최소한 알고 있는 사람이라는 생각이 들었다. 가끔 한 번쯤은 학부모의 부탁을 학부모의 입장에서 다시 한번 생각해 보면 정말 좋겠다는 생각이 들었다. 갑자기 다큐멘터리의 제목이 머리를 스쳐 간다.

"님아, 그 강을 건너지 마소서."

패딩을 왜 나한테
찾아 달래요?

❧

장거리 출퇴근이 익숙해질 법도 한데 5년째 몸이 적응 중이다. 한 시간 넘게 운전해서 집에 오면 바로 저녁을 준비하고 빨라야 8시에 저녁 식사와 마무리가 끝난다. 다음 날 또 일찍 나가야 하니 저녁에 일찍 자야 한다는 강박 비슷한 증상도 5년째 이어지고 있다. 가끔은 아침에 버스를 놓쳐서 학교에 지각하는 악몽에 시달리기도 한다. 자가운전으로 버스 탈 일이 없는 데도 뭔가 긴장하거나 걱정하면 으레 습관처럼 꾸는 꿈이다.

11시쯤 자려고 누워 막 잠이 들려는 찰나에 핸드폰이 요란하게 진동한다.

'어? 이 시간에 누가 전화했지?'

핸드폰을 보니 모르는 전화번호이다. 이름이 저장되어 있지 않은 번호이니 그냥 무시하고 잘까 싶었다.

'잘못 걸려 온 전화겠지.'

받지 않고 빨간 버튼을 밀어서 수신 거부를 했다. 하지만 또 진동이 온다. 잘못 걸린 전화라고 하기에는 찝찝한 기분이 들었다. 잠긴 목소리로 "여보세요?"라고 나도 모르게 다소 짜증 섞인 목소리가 나온다.

"선생님, 저 예솔이에요."

6학년 예솔이가 울면서 전화를 한 것이다. 예솔이라면 우리 학교에서도 꽤 유명한 아이다. 유명하다는 것은 일명 선생님들의 걱정과 근심을 유발하는 사건을 일으키는 경우가 많다는 뜻이기도 하다. 씻지 않고 다니는 것은 다반사이고, 수업 시간에도 무기력해 있거나 학교에 오기 싫다고 무단결석을 일삼는 아이다. 밤늦게까지 핸드폰이나 컴퓨터 게임을 하다가 수업 시간에 졸기 일쑤였다. 나는 담임이 아니라 전담 과목 수업을 맡아서 지도했는데 어째서 이 시간에 나한테 전화를 했단 말인가! 직감적으로 온갖 나쁜 상상이 머리를 헤집는다. 평소 가정불화가 심해서 경찰이 집으로 출동한 적도 있었고 3학년 때 담임선생님이 때리지도 않았는데 맞았다고 거짓으로 말해서 학교를 뒤집어 놓기도 한 장본인이다. 그런 아이가 이 밤중에 울면서 담임도 아닌 나에게 전화를 한 것은 대형 사건이 터진 게 분명하다는 생각이 들었다.

울고 있는 아이를 달래며

"예솔아, 무슨 일이니? 부모님은 옆에 계시니?"

우선 진정시켜야겠다는 생각이 들었다. 그러자 옆에서 예솔이 어머니의 까랑까랑한 목소리가 들렸다. 아이 혼자가 아닌 것 같아서 좀 다행이다 싶었다. 그러나 전화기 너머의 예솔이 어머니는 화가 많이 나신 것 같았다.

"야, 이 미친년아, 울지 말고 선생님한테 똑바로 말해!"

딱 봐도 엄마한테 엄청 혼나고 전화를 한 듯하다.

"예솔아, 울지 말고 천천히 말해 봐, 무슨 일이니?"

알아들을 듯 말 듯한 목소리로 예솔이가 좀 진정이 되었는지 말을 꺼낸다.

"선생님 때문에 제 패딩이 바뀌었어요!"

'도대체 왜 무엇이 잘못되었다는 것이지?'

도저히 이해가 되지 않는 말을 하는 예솔이가 답답해서 다시 다그쳐 물었다.

"예솔아, 그게 무슨 말이야? 자세히 좀 말해 봐!"

어머니를 바꿔 달라고 하고 싶었지만 일단은 아이의 얘기를 먼저 들어 봐야 할 것 같아서 대답이 돌아오기를 기다렸다. 그제서야 예솔이가

"선생님, 엊그제 동아리 축제 갔을 때 선생님이 사진 찍어 준다고 하면서 패딩을 벗으라고 해서 벗어 놨는데 그때 다른 애 거랑 바뀐 거 같아요."

아이는 이 모든 사단이 바로 나 때문에 일어났다는 듯 따지듯 말했다. 황당하다는 말은 이럴 때 쓰라고 있는 게 맞나 보다. 황당함 그 자체인 나는 그날의 일을 떠올렸다. 지역 학생 동아리 축제에 우

리 학교 오카리나 동아리 학생들을 지도해서 참가하였다. 멋진 공연과 많은 박수를 받고 기념사진을 남겨 주고 싶은 마음에 아이들에게 사진을 찍어 주겠다고 말했다. 그런데 아이들이 하나같이 전부 다 검정색 패딩을 입고 있었다. 우리 학교 학생들뿐만 아니라 거기에 있던 500명의 초, 중, 고 학생들은 맞춰 입은 듯이 모두 검정색 롱패딩이다. 상표 표시가 드러나지 않는 것들은 누구 것인지 구분조차 어려운 그런 패딩들이 여기저기 의자에 걸쳐져 있었고, 그 와중에 나는 아이들 패딩이 섞일까 봐 관람을 온 푸름이 어머니께 따로 아이들 패딩을 맡겨 놓는 나름 세심한 관리를 했었다. 그런데, 패딩을 잃어버렸다고 우기는 아이를 어떻게 해야 할까. 분명히 사진 찍을 때 옆에 두었고 사진 찍은 후 바로 다 입혀서 집까지 무사히 데려다주었는데, 뜬금없이 그 패딩이 바뀌었다고 우기는 것일까? 아이의 얘기를 들으면서 다음에 예솔이 어머니께 자초지종을 말씀드려야겠다고 생각하고 전화를 바꿔 달라고 하였다. 전화를 바꿔 든 어머니는 다짜고짜

"선생님, 그 패딩이 얼마나 비싼 건지 아세요? 벌써 얘가 두 번이나 잃어버려서 얼마 전에 새로 산 패딩인데, 축제인가 뭔가에 가서 자기 몸에 들어가지도 않는 걸 바꿔 가지고 왔어요. 참나, 미치겠네."

예솔이 어머니는 당장이라도 패딩값을 내놓으라는 듯이 나를 다그친다. 이럴 때 같이 흥분하면 안 되는 것을 알기에 일단 내 마음을 가다듬고 흥분된 분위기를 진정시켜야 하겠다고 생각했다. 마음속으로는 화도 나고 '그게 어째서 제 잘못입니까?' 하고 따지고 싶은 마음

이 굴뚝같았다. 하지만 이 밤에 전화해서 나한테 패딩을 내놓으라고 우겨다짐하는 이 모녀를 어찌하랴! 내가 좀 더 이성적이어야 했다.

"어머니, 많이 속상하시겠어요. 제가 축제 때 예솔이 패딩을 입혀서 보낸 것이 기억이 나는데, 혹시라도 예솔이가 학교에서 다른 아이 것이랑 바뀌었을 수도 있고, 아동센터에도 아이들이 많으니 거기에도 알아봐 드릴게요."

같이 걱정해 드리고 위로해 드렸다. 잘 찾아보고 혹시라도 찾지 못하면 내가 사 드린다고 말씀드리자 그제서야 마음이 풀어지신 듯하였다.

"아이고, 선생님, 얘가 이 모양이에요. 지 몸에 들어가지 않는 패딩을 가지고 와서 어디서 잃어버린지도 모른다고 해서 계속 물어보니까 동아리 축제 갔을 때 바뀐 거 같다고 해서 전화했지 뭐예요. 늦은 시간에 전화 드려서 죄송하네요."

사춘기에 접어든 딸아이가 고분고분할 리 없는데 그 아이와 매일 싸움으로 집안이 전쟁터라고 하소연을 하신다. 이 밤에 이런 전화를 받는 나에 대한 배려라고는 찾아볼 수 없었지만 담임이 아닌 나에게라도 신세를 한탄하면서 아이와의 고단함을 풀고 싶으신 듯하였다. 한 시간 가량 통화하니 잠이 올 리 없다.

축제장에서 사진 찍고 잘 입는 것까지 봤으니 그때 바뀌었다면 몸에 들어가지도 않는 패딩에 대해 아이도 나도 모를 리 없다. 패딩이 바뀔 만한 상황을 생각하니, 아이들이 많이 모이는 지역 아동센터가 떠올랐다. 거기에는 지역의 초, 중, 고 아이들이 방과 후에 모여서 돌봄 활동과 학습을 하는 공간이다. 아이들 생활교육 차원에서 몇 번 방문해 보았었는데 옷장이 따로 있기는 한데 바닥에 아이들 옷이 널려 있었던 기억이 어렴풋이 났다.

겨울이니 누구나가 다 입는 검정 롱패딩이 바닥에 수북이 쌓여 있었을 테고 그중에 하나를 아이는 무심결에 들고 왔을 것이다. 그러다 방에 놓아 둔 패딩을 입으려고 하니 자기 몸에 들어가지 않는 저학년용임을 안 것이다. 여기까지 생각이 닿자 출근해서 담임선생님들의 협조를 구하면 롱패딩을 찾을 수 있을 것 같았다. 새벽 2시까지 뒤척이다 선잠을 자고, 빨갛게 충혈된 눈으로 출근 준비를 하고 학교에 왔다.

수업 시작 전에 담임선생님과 어제의 일을 이야기하고 예솔이를 불러서 패딩을 살펴보았다. 아이의 말대로 자기 몸에 들어가지도 않는 작은 롱패딩이다. 고가의 패딩에 이름표도 없으니 이 패딩을 잃어버린 아이도 어딘가에서 자기 것을 찾고 있었겠다는 생각이 들었다.

"예솔아, 일단 선생님이 누구 거랑 바뀌었는지 찾아보고 알려 줄게!"

예솔이의 표정에 주눅이 들어 있었다. 자기도 어디서 바뀌었는지 모르니 민망하기도 하고 어젯밤에 전화 통화도 떠올라 나에게 미안한 모양이다.

패딩의 주인은 채 하루도 지나지 않아서 밝혀졌다. 3학년 예진이의 패딩이었다. 지역 아동센터에서 서로 바뀐 걸 모르고 들고 갔다고 한다. 3학년 예진이의 할머니께서 담임선생님께 연락을 하셨다고 한다. 문제가 해결되었으니 다행이다. 예솔이 어머니께 전화를 드렸다.

"어머니, 예솔이 패딩이 3학년 예진이 꺼랑 바뀌어서 내일 예진이가 학교에 패딩 가지고 온대요."

그 이상의 말은 하지 않았다. 어젯밤 내가 한숨도 못 잤다는 얘기도.

"선생님, 죄송해요. 제가 좀 더 알아봤어야 하는데…"

예솔이 어머니는 말끝을 흐리셨다. 그러고는 또 한참을 예솔이가 요즘 얼마나 말을 안 듣는지, 자기가 사는 게 얼마나 힘든지, 어젯밤 하신 하소연 2탄이 시작되었다. 마침 다음 시간에 수업이 없어서 한 시간 동안 예솔이 어머니의 인생사 고달픔을 들어 드려야 했다. 예솔이 어머니의 말씀에 때때로 맞장구도 쳐 드리고 '많이 힘드셨겠어요?' 하며 위로의 말도 전해 드렸다.

때로 교사가 학부모의 감정 쓰레기통은 아닌지 의문이 들 때가 있다. 자기 삶의 힘듦이나 아이의 문제거리를 교사가 해결해 주기를, 알아주기를 바라고 거리낌 없이 표출하는 경우가 많다. 교사는 이럴 때 투철한 사명감을 갖지 않으면 감정의 소용돌이에 휘말릴 수 있다. 초임 시절 이런 학부모님들의 말이 이해도 안 되고 이런 하소연을 하는 시간에 자기 아이와 함께하지 나한테 왜 이러시는지 원망스러울 때가 있었다. 그런데 내가 아이를 낳고 키워 보니 조금씩 그 부모님들이 이해되고 그들의 모습에서 나를 더 많이 발견할 때가 있다. 나도 두 아이의 부모로서 아이들의 선생님에게 그런 적은 없는지 돌아본다. 시간과 경험이 나를 더 숙성된 교사로 만들어 준 것은 확실하다. 학부모도 아이가 자랄수록 더 성숙할 수 있다.

옛말에 '선생 똥은 개도 안 먹는다'는 말이 있다. 그만큼 속이 곪아서 똥도 곪았다는 것이다. 그 곪아서 썩는 과정에 참교사로서의 자질이 만들어지는 것은 아닐까!

모기 한 마리가
일으킨 소동

"뭐라구요? 학교에서 책임을 지라구요? 겨우 모기에 물린 것을 가지고요?"

"애 팔뚝을 보고 이야기하세요. 도대체 얼마나 청결하지 못한 숙소를 잡았으면 애 팔뚝이 그래요? 이건 뭐 모기도 아닌 것 같고 도대체 뭐가 물어서 이렇게 되었냐구요? 가만히 있지 않겠어요. 사진도 찍어 두었고 SNS에 올릴 거란 말이에요. 학교가 이렇게 무책임하다니! 오늘 애 엄마가 학교로 찾아갈 거니까 그때 이야기해요."

이야기의 발단은 진짜 모기 한 마리에서 시작되었다. 5학년과 6학년 학생들은 서울로 2박 3일 수학여행을 다녀왔다. 모기 한 마리의 발단은 두 번째 날 숙소에서 있었던 일이었다. 은지가 모기에 팔뚝을 물린 것이었다. 은지는 곧바로 담임선생님께 이야기를 드렸고 선생님께서는 가지고 간 상비약을 발라 주었다. 현장학습 숙소를 이용하다 여름날에 모기에 물리는 일은 그리 특별한 일은 아니었다. 다음 날 아침에 선생님이 학생에게 아침 안부를 물어보면서 모기에 물린 곳은 괜찮냐고 물어보았을 때에도 은지는 아무렇지 않다고 이야기를 했다고 한다.

금요일 날 현장학습에서 돌아왔고 학생들은 귀가를 했다고 한다. 그리고도 토요일, 일요일이 지났다. 월요일만 해도 병원에 다녀온다 했고 모기에 물린 상처는 곧 나을 거라는 생각이 있었다.

화요일 아침, 상기된 얼굴로 할머니가 학교에 찾아왔다. 학생의 팔뚝을 눈으로 확인하기 전에는 그때의 그 모기에게 물렸던 자국이 저렇게까지 부어올랐을 거라는 것은 생각도 하지 못한 일이었다. 모기에 물렸다가 손으로 긁어서 부어오른 경우는 가끔씩 볼 수 있었지만 은지의 팔뚝은 부어오른 정도 중에서도 가장 심해 보였다.

"괜찮니? 약은 발랐어?"

"네, 병원에도 다녀왔고 약도 발랐어요."

"어느 병원에 다녀왔니?"

"동네에 있는 병원에요."

병원에 가서 주사를 맞고 약을 처방받아 바르고 하면 웬만한 모기 물린 상처는 시간이 지나면 사라질 것이다. 그런데 차도가 보이지 않는 은지의 모기 물린 상처… 담임선생님으로부터 오늘 엄마랑 통화했는데 가만있지 않을 거라는 이야기와 학교로 찾아오겠다고 하셨다는 이야기를 들었다. 안 그래도 그 학부모는 3학년 때 학교폭력 사건과 관련해서 삼촌과 함께 찾아와 담임선생님에게 한바탕 난리를 쳤었다는 이야기를 듣고 있었다. 그 일로 상대방 학생은 다른 학교로 전학을 가게 되었고 그 사건 이후로 학교에 대한 신뢰가 땅에 떨어진 상태라는 이야기를 듣고 있었던 터이다.

'무엇을 어떻게 하는 것이 학부모의 화도 풀어 주고 아이의 상처도 빨리 회복하는 것일까?'

'처음에는 겨우 모기한테 물린 걸 가지고!'였는데 은지의 팔뚝을 보는 순간, 모기 한 마리로 시작된 일이 이렇게 커질 수도 있다는 것을 깨닫게 되었다. 어떻게 책임을 져야 할까? 학교에서 할 수 있는 일은 학교 수업의 연장선에서 실시한 현장학습이니까 발생한 사고에 대해서 안전공제회에 치료비를 신청하면 될 것이다. 하지만 지금 격양되어 있는 어머니와 할머니의 감정은 어떻게 달래지? 어떻게 하는 것이 속상한 기분을 가라앉게 할 수 있을까?

담임선생님과 이야기를 나누면서 학교와 담임교사가 학생의 상처에 관심을 가지고 있다는 것을 보여 주자고 했다. 학교안전공제회에 청구해서 치료비를 지원해 주겠다는 말씀을 드리고, 종합병원으로 가서 제대로 된 검사를 받아 보게 하여 학생에게 제대로 된 치료를 하게 하고 그 과정에 오늘만은 학부모와 함께하자고 했다.

어쩌면 모기에 물려서 나타날 수 있는 상처에 무엇인가 더해졌을 것이라는 생각을 지울 수 없었기 때문이다. 보통의 경우라면 '버물리' 정도를 발라 주다 보면 부풀었던 상처는 자연스레 가라앉기 마련인데, 이 경우는 정말 특별해도 너무나 특별한 것이었다. 그래서 이모든 것을 학교가 책임지라고 우기고 있지만 학부모가 진짜로 속상해하는 것은 학교가 관심을 갖고 있지 않다는 것에 서운함일 것이라고 생각되었다.

퇴근 시간은 벌써 지났다. 학부모가 학교로 오겠다는 시간도 벌써 지났다. 오늘만은 학부모와 함께하자는 약속을 담임선생님과 하였고, 이렇게 무작정 학부모를 기다리고 있는 것은 문제 해결에 아무런 도움을 줄 수 없을 거라는 생각 끝에 할머니께 전화를 드렸다. 어떻게든 아이를 함께 걱정해 주고 있다는 마음을 학부모님에게 전달하고 싶었고, 또 아이의 상태에 대하여 종합검사를 통하여 원인을 제대로 알고 제대로 치료를 받게 하자고 말씀을 드렸다. 그것이 지금 화가 나 있는 학부모의 마음을 조금이라도 누그러뜨릴 수만 있다면…

우리는 먼저 병원에 도착했고 학생이 진료를 받을 수 있도록 먼저 접수를 해 주었다. 은지가 검사를 받고 결과를 기다리는 동안 담임선생님과 나는 망부석처럼 학부모와 함께 병원 대기 의자에 앉아 있었다. 생각보다 응급실은 사람들로 북적이고 있었고 검사를 받고도 결과가 나올 때까지는 두 시간 정도가 걸린다고 하였다. 나는 할머니께 저녁 식사를 하러 가자고 제의를 했다. 그렇게 식당에서 우리는 늦은 저녁 식사를 했다. 식사를 마치고 할머니가 한마디 하셨다.

"배고파 죽는 줄 알았네!"

할머니의 그 말씀을 듣고 나서야 시각이 벌써 저녁 8시 30분이 되었다는 것을 알았다. 그래도 할머니의 입에서 학생을 책임지라는 이야기가 아닌 사람의 기본적인 생존과 관련한 이야기를 들으니 마음은 한결 가벼워졌다. 다시 병원으로 돌아와 대기실 의자에 앉아 어머니와 이런저런 이야기를 나누게 되었는데, 은지가 어렸을 적에도 피부 과민반응으로 종합병원에 와서 검사를 받은 적이 있다는 것이었다.

'아하, 모기 한 마리가 누구에게는 잠깐 가려웠다가 아무렇지 않을 수도 있는 것이지만 누구에게는 피부를 탱탱하게 부어오르게 하고 과민반응을 가져올 수도 있구나! 은지도 그런 특이체질을 가지고 있는 아이였구나!'

이제야 해결되지 않았던 모든 궁금증이 사라지고 있었다.

검사 결과가 나왔다. 무엇 때문이라는 결과보다는 학생이 외부자극에 대해 피부 과민반응을 보이는 특이체질이기 때문에 조심해야 한다는 이야기를 들을 수 있었다. 그리고 처방약을 잘 바르면서 상태를 조금 더 지켜보자고 하셨다.

검사 결과를 듣고 시간을 본 순간 시곗바늘은 밤 11시를 가리키고 있었다. 모두가 피곤을 느끼는 시간이었다. 학부모님과 우리는 오늘 고생 많으셨다는 이야기를 정중히 나누면서 헤어졌다. 더 이상의 감정을 소모하는 이야기는 나오지 않았다. 그날 이후 은지의 부어올랐던 팔뚝은 서서히 가라앉기 시작했다. 다행히도…

교사들은 학생에게 무언가를 더 가르치기 위해, 학생들의 다양한 경험을 위해 현장학습을 계획하기도 한다. 그 과정에서 때론 힘이 들기도 하지만 학생들에게 소중한 경험과 깨달음을 주기 위해 가끔은 피곤함을 잊고 달려가기도 한다.

하지만 의도와 다르게 교사의 대처가 소송에 걸리기도 하고, 학부모로부터 마음의 상처를 받기도 한다. 이럴 때면 '이 일이 내 적성에 맞는 일인가? 학부모 대하는 일이 왜 이렇게 어려운가? 내가 이러려고 교사가 되었나? 교사가 이렇게 대우를 받지 못하는 직업인가? 당장이라도 교사의 옷을 벗어야 하나?' 하는 물음을 스스로에게 던지기도 할 것이다. 하지만 어떤 일이 해결되기까지 정말 속상하고 힘들고 고민이 되고, 쉽게 끝날 것 같지 않았던 대부분의 일들은 그렇게 하나씩 힘든 과정을 거치면서 해결되는 것을 볼 수 있었다.

교사로서 첫발을 디딘 새내기 교사들에게 혹은 교사가 되려고 준비하고 있는 예비교사들에게 하고 싶은 말은, 힘이 들수록 나를 돌아보고 힘이 들수록 학부모의 입장에서 생각해 보고, 무엇이 문제가 되었을까에 대하여 조금 더 생각하고 일을 해결할 수 있는 실마리와 열쇠를 찾으려고 노력해 보라는 것이다. 그리고 주변에 여러분을 도와줄 수 있는 선배 교사들도 많다는 것을 잊지 말길 바란다.

아동학대 속에서
아이가 진정 원한 것은?

֍

담임을 맡고 아이들을 만난 첫날, 유난히 옷이 더럽고, 얼굴 여기
저기에 상처가 보이는 수형이를 만났다. 작년 선생님은 전근으로 인
해 여쭈어볼 수가 없어 더 지켜보기로 했다. 그런데 하루가 더 지나
기도 전에 수형이는 어제 입었던 옷을 그대로 입고 얼굴에 멍이 든
채 학교에 왔다. 매스컴에서 연일 기사화되는 아동학대 사건을 보면
서 떨리는 마음으로 그 아이를 남겨 이야기를 나눴다.

"수형아, 선생님은 수형이가 건강하고 안전하게, 그리고 행복하게
학교를 다닐 수 있도록 도와주는 사람이란다. 혹시 수형이를 힘들게
하는 사람이 있다면 말해 줄 수 있을까?"

수형이는 바닥을 보며 손가락을 만지작거리고, 다시 한번 나를 보
고는 말했다.

"그런 사람 없어요."

"수형아, 얼굴에 멍은 어떻게 생긴 거니?"

"자전거 타다가 넘어졌어요."

그 말을 하고 수형이는 고개를 숙였다. 숙인 고개 너머로 목 뒤에 상처가 보여서 수형이에게 함께 보건실에 가자고 부탁했다. 아픈 곳을 먼저 치료해야 할 것 같았다. 보건 선생님께 수형이의 몸을 살펴보고 다친 곳에 약을 발라 주며 상태를 살펴봐 달라고 부탁했다.

사실 수형이의 몸은 상처가 없는 곳이 거의 없었다. 온몸은 크고 작은 멍들이 가득했고, 등과 배, 다리 등에는 다친 상처들이 너무 많았다. 나는 자꾸만 나오려는 눈물을 참으며, 다른 곳에는 어떤 상처들이 있는지 살폈다. 발등과 무릎에도 알 수 없는 상처들이 많아서 어떻게 다친 것인지 물었다. 수형이도 이제 어쩔 수 없다는 생각이 들었는지 말하기 시작했다.

"엄마가 술을 많이 먹은 날은 말을 안⋯ 듣는다고⋯ 나 때문에 인생을 망쳐서 내가 밉다고⋯ 젓가락으로 발등을 쑤셨어요. 무릎은 칼로 쑤셔서 생긴 거예요. 그래서 엄마가 술 먹고 오면 친구네 집에서 자거나 아니면 보일러실에서 몰래 자요."

너무 태연하게 아팠던 이야기를 하는 수형이의 모습에 말문이 막혔다. 수형이는 나이가 56세이신 엄마와 함께 생활하고 있었는데, 엄마는 고기집이나 식당에서 서빙을 하신다고 했다. 그래서 수형이가 학교에서 올 즈음에 출근했다가 수형이가 자고 있으면 집으로 온다고 했다. 그런데 요즘엔 식당에서 남은 술을 몰래 먹고 오는 경우가 많아서 엄마가 올 때 즈음 엄마를 피해 집을 나간다고 했다. 친구네 집에서 몇 번 잔 적이 있었는데 친구 엄마가 싫어해서 요즘엔 보일러실에서 잔다고 했다. 아빠는 60세이신데 다른 곳에서 누나들과 산다고 했다. 사실 수형이 아버님은 딸만 넷 있는 가정이 있는 가장이었는데, 아들을 갖고 싶은 마음에 고향 마을 후배인 수형이 어머님을 만나 수형이를 가졌다고 했다. 수형이 어머님은 수형이 아버님이 이혼하고 함께 가정을 꾸리길 바라셨지만 수형이만 데리고 가려고 하여 양육권 소송을 하였고, 오랜 법정 소송 끝에 결국 수형이 어머님이 수형이를 양육하게 되었다고 했다. 수형이 아버님은 한 달에 한두 번 수형이를 보러 집으로 온다고 했다. 수형이는 누나들과 아버님이 사는 곳에 몇 번 간 적이 있는데 누나들도 수형이를 싫어하고 새엄마가 무서워서 다시 가고 싶지 않다고 했다.

수형이의 몸 상태를 확인하고, 그간의 이야기를 듣고 난 나는 수형이를 집에 그냥 보내는 것이 너무 걱정되어 혹시 다른 잘 곳이 있는지 물었다. 하지만 수형이는 오늘은 친구네 집에서 자고 싶다고 말했다. 그래도 혹시 무슨 일이 생기면 선생님의 집으로 오도록 알려 주었다.

수형이를 보내고 나서 나는 사고경위서와 조사결과서 등을 작성해서 수형이의 어머니를 아동학대로 신고하였고, 아이의 안전을 위해 강제분리가 필요함을 강조했다.

신고한 그다음 날 수형이의 어머님이 술에 취한 상태로 교실로 찾아와 다짜고짜 수형이를 데리고 가려고 하는 일이 벌어졌다. 무슨 일인지 물었더니, 수형이가 거짓말을 하고 학원에 가서 학원비가 많이 밀렸다고 하면서 수형이를 혼내야 한다는 것이었다. 그래서 지금은 수업 중이라 갈 수 없고, 잘못한 부분이 있다면 수업 후에 차분하게 이야기해 보는 게 좋을 것 같다고 부탁했다. 그래도 막무가내로 수형이를 데려가겠다고 소리를 지르는 통에 교무부장님께서 올라오셨고, 교무부장님이 수형이 어머님을 교장실로 모시고 가서 이야기를 나눠 보시겠다고 하셔서 나는 다시 교실로 갈 수 있었다. 하지만 이미 수형이는 얼굴이 하얗게 질린 상태였고, 다른 아이들도 얼굴이 어두웠다. 수형이는 친구들의 차가운 시선으로 인한 상처와 두려움으로 떨고 있었음이 분명했다. 이런 상황에서 대체 교사는 무엇을 할 수 있을까.

그날 수형이의 어머님께 수형이의 학대가 의심되어 아동보호 전문 기관에 신고하였다고 말씀드렸다. 하지만 그때부터 나는 지옥 속에서 하루하루를 보내게 되었다. 수형이의 어머님은 일이 끝나는 새벽 1~2시쯤이면 내게 전화를 해서 온갖 욕설을 했다. 전화를 받아 욕설을 듣고 난 후에는 너무 힘들어서 눈물로 밤을 지새우기도 했다. 욕설을 듣다가 너무 힘들어 전화를 피하고 안 받는 날이면 어김없이 술에 취하신 상태로 아침에 학교로 찾아왔다.

너무 힘든 하루하루를 보내며 나는 교사를 그만두고 싶은 생각도 했었다. 매일 눈물로 하루를 보내던 나는 체중도 3~4kg 정도 빠지고 학교에 근무하는 것조차 힘겨울 정도로 건강 상태도 악화되어 갔다.

몇 달간 이어진 괴로움에 이렇게는 더 이상 살 수 없어서 새벽에 수형이의 어머님이 끝나는 시간에 맞춰 내가 먼저 전화를 걸었다.

내가 전화를 건 날은 다행히 술을 드시지 않은 날이었다. 수형이의 어머님께 사랑하는 수형이를 위한 길이 무엇인지 함께 이야기해 보고 싶다고 했다. 그 말에 수형이의 어머님은 울면서 수형이를 잃고 싶지 않다고 했다. 나에게 제발 수형이와 함께 살게 해 달라고 부탁하는 것이었다. 수형이의 어머님이 수형이를 잃을지도 모른다는 두려움 때문에 그렇게 표현을 할 수도 있을 거란 생각에 차분하게 이야기를 들어 드렸다. 세상을 사는 어려움과 신세를 한탄하는 이야기와 수형이 아버지의 문제, 또 수형이가 본인을 증오해서 횡단보도에서 찻길로 밀었던 일도 이야기하였다. 몇 시간 동안 이어진 통화는 아침까지 계속되었다. 해결점을 찾고 싶었던 나는 수형이의 어머님과 이야기를 하면 할수록 수형이 어머님의 상처받은 내면과 불안정한 감정 상태를 다시 한번 확인하며 수형이가 행복하게 살 수 있는 방법은 강제분리밖에는 방법이 없어 보였다. 〈솔루션 회의〉 전에 수형이에게 생각을 물었다.

"수형아, 네가 어머님으로 인해 많이 힘들고 상처받았다는 것 알아. 네가 원하면 어머님은 기관으로 가셔서 치료를 받으실 수 있고, 그동안 수형이는 보호기관에서 안전하게 보살펴 주실 거야."

그 이야기에 수형이는 울면서 이야기를 했다.

"엄마랑 같이 살고 싶어요. 엄마는 내가 없으면 안 되는데…. 선생님, 엄마가 없으면 전 고아가 되는 거죠?"

"수형이는 엄마도 아빠도 살아 계시는데 고아라니. 엄마가 치료 잘 받으시고 나면 다시 수형이와 같이 살 수 있어. 수형이를 위해 열심히 치료받으신다고 했어."

〈솔루션 회의〉를 통해 아동보호전문기관에서 수형이의 가정을 방문했을 때 이야기를 들었다. 내가 수형이의 집을 방문했을 때는 어머님이 문을 열어 주지 않아 들어갈 수 없었는데, 아동보호전문기관 담당자분들이 경찰을 불러 함께 방문했다고 했다. 수형이의 집은 쓰레기로 가득하였고, 악취가 밖까지 심하게 퍼져 이웃 주민들의 민원도 상당한 상태였다. 아동보호전문기관은 수형이 어머님이 심한 알코올 중독 상태이고, 수형이의 안전이 위협받고 있다고 하였다. 그런데 수형이의 어머님과 수형이가 강제분리를 강하게 반대하고 있어 강제분리를 하기에는 어려움이 있다고 하였다.

아동보호전문기관과 지속적으로 연락을 하면서, 가끔 새벽에 수형이 어머님의 전화를 받으면서 그렇게 시간은 흘러갔다. 학기 말에는 수형이의 어머님께서 알코올 중독이 많이 호전되었고, 겨울방학에는 수형이와 함께 알코올 중독 가족치료 캠프에도 참여하기로 하였다는 소식을 들었다. 조금씩 수형이의 몸에 난 상처도 희미해져 가고 있는 것이 보였다. 이렇게 계속 수형이가 잘 지냈으면 좋겠다는 마음이 간절했다. 그렇게 수형이를 5학년으로 올려 보냈고, 나는 더 이상 수형이의 어머님으로부터 전화를 받지 않았다.

5학년이 되고 얼마 뒤 수형이가 심하게 학대를 당해 병원에 입원했다는 소식과 함께 강제분리 후 전학 처리가 되어 나는 영영 수형이를 만나 볼 수 없었다. 아동보호전문기관에 문의하니 수형이는 잘 치료받아 많이 회복되었고, 이렇게 보호를 받아야 하는 아이들 몇 명과 보호 선생님과 함께 지내게 되었다고 들었다. 그리고 수형이가 스스로 신고를 하였고, 수형이가 원해서 강제분리되었다는 소식도 들었다. 그렇게 강제분리를 마다하던 녀석이었는데 오죽했으면 그런 선택을 했을까? 강제분리되지 않아 다시 한번 끔찍한 상처를 받았을 수형이가 생각나 잠을 이룰 수 없었다.

'학대를 하던 부모가 변하는 것은 정말 어려운 것일까?'
'그때 강제분리를 했다면 수형이가 조금 더 일찍 마음 편한 곳에서 생활할 수 있었을까?'
'수형이가 진정으로 원한 것은 과연 무엇이었을까?'
수형이 어머님의 말처럼 정말 수형이는 횡단보도에서 엄마를 밀어버리고 싶을 만큼 미워한 건 아닐까. 다만 혼자가 된다는 사실이 무서웠던 것은 아닐까. 수형이는 더 이상 그 누구에게도 상처받고 싶지 않고, 보호받고 싶었던 건 아닐까? 그 마음을 내가 알아차리지 못한 것에 마음이 아팠고, 부모의 양육권으로 인해 학대 아동을 제대로 보호할 수 없는 법체계가 너무 아쉬웠다.

'또 다른 수형이를 만난다면 어떻게 해야 할 것인가?'

수형이를 만난 것은 교사인 내가 가장 중요하게 해야 할 일은 아이가 두 번 다시 끔찍한 상처를 경험하지 않도록 보호하는 것이라는 점을 잊지 않게 해 주는 경험이었다.

아동학대의 징후를 발견하는 즉시 교사는 신고를 하도록 법으로 정해져 있다. 만일 교사가 신고하지 않으면 교사 또한 처벌을 받을 수 있다. 내가 간과하면 또 다른 수형이와 같은, 상처받은 아이를 만들어 내는 것임을 잊어서는 안 된다. 내가 가르치는 아이들에게서 이상한 징후가 발견되면 꼼꼼히 살피기 바란다. 이상 징후는 학대의 종류에 따라 다르게 나타나므로 교사의 꾸준한 관심과 지속적인 상담이 간절히 필요하다.

3장
교사의 진심이
통했던 순간들

〈제3장〉에서는 교사의 진심이 통했던 순간들에 대해 이야기를 하려 합니다. 교사로서 학생들을 대하거나 교육 활동을 할 때 흔들리지 않는 주관을 가지고 살아가시기 바랍니다. 그 주관을 가지고 한 번도 상처받지 않은 것처럼 학생들을 사랑하시기 바랍니다. 그렇게 학생들과 교류하다 보면 학생들의 입을 통해 학부모들은 교사를 서서히 알아 가게 되고 마음의 문이 열리기 시작합니다. 학부모와 교사 사이에는 처음부터 존재하는 거리가 있습니다. 선생님이 학생들을 대하는 마음이 진심이라는 사실을 알게 되었을 때 비로소 서로를 향한 마음의 문은 열린다고 생각합니다.

교사로서 학생들에게 무언가를 해 주는 것은 당연한 일입니다. 내가 하나를 해 주었으니까 거기에 대응하는 하나를 바라지 마세요. 『아낌없이 주는 나무』에 나오는 이야기처럼 끊임없이 주려고 하고 아무런 대가를 바라지 마십시오. 그것이 교사로서 가져야 할 마음가짐이라고 생각합니다. 교사로서의 삶은 생각보다 쉽지는 않습니다. 동료 교사들과 함께 서로의 모습을 보면서 '쉬운 교사는 하나도 없구나!'를 생각했을 정도로 말입니다. 하지만 교사의 진심이 통했던 순간에는 한없이 감동을 받는 사람도 학부모라는 사실을 잊지 마시고 묵묵히 참된 교사로서의 길을 걸어가시기 바랍니다.

교사의 진심 어린 관심이
필요한 아이들이 많아요

집으로 발걸음을 하던 중 저 멀리서 낯익은 얼굴이 보인다. 정말 단박에 그 아이의 얼굴을 기억해 내고 이름까지 입으로 내뱉는 시간이 5초도 걸리지 않았다. 그동안 잊고 있었는데 이렇게 금방 생각이 나다니 정말 샛별이는 나에게 특별한 학생이었나 보다.

"선생님, 안녕하세요."

목소리가 경쾌하다.

"너 샛별이 아니니? 많이 컸구나."

"저 벌써 대학생이에요. 선생님 찾아뵙고 싶었는데, 죄송해요. 저 취직 잘 되는 과에 입학했는데 그 이유가 졸업하고 빨리 일자리 잡아서 돈을 벌어 선생님 맛있는 거 사 드리고 싶어서예요. 연락 못 드려서 죄송해요."

샛별이는 학기 초부터 소위 관심 학생으로 꼬리표를 달고 온 학생이다. '카더라' 통신에 의하면 초등학교 들어오기 전에 부모님께서 이혼하셨고, 초등학교 1학년 때는 샛별이가 학교에 적응하는 것도 그런 샛별이를 지도하는 선생님도 엄청 힘들어했다는 말이 들릴 정도였다.

"선생님, 샛별이가 때렸어요."

"샛별아 무슨 일이니?"

"대한이가 지나가다가 내 어깨를 때렸어요."

"대한아, 너 샛별이 어깨를 진짜 때렸니?"

"아니요. 선생님께서 교과서에 다 쓴 사람은 앞에 내라고 하셔서 앞으로 나가고 있는데 갑자기 뒤에서 샛별이가 주먹으로 제 어깨를 때렸어요."

전후 사정을 들어 보니 대한이가 샛별이의 어깨를 때린 것이 아니라 그저 부딪친 것인데 샛별이는 그것을 가지고 때렸다고 표현한 것이다.

"대한아, 샛별이가 네가 지나가고 있는 것을 본 것은 아니잖아. 샛별이가 쓰느라고 몰두해 있는데 어깨가 아파. 그러면 당연히 누가 자신을 때렸다고 생각하지 않겠어? 그리고 샛별아 대한이가 때리려고 때렸다면 정말로 아팠을 거 아냐?"

샛별이는 얼른 대한이에게 사과했다. 누가 시킨 것도 아닌데 이해가 되고 자신이 인정만 하면 도덕 시간에 나옴직한 내용을 담아 진심 어린 말투로 상대방에게 사과를 했다.

"내가 너를 오해해서 때린 것 미안해. 다음부터는 잘 살펴보고 진짜로 때렸을 때만 화를 내도록 할게."

눈에 보이지 않는 아이들의 외면 속에서 자기가 살아갈 구멍을 찾기라도 하듯이 매일 샛별이는 친구들과 생활하는 것이 힘겨워 보였다.

"선생님, 만세가 저에게 ××라고 욕했어요. 제가 옆을 지나가는데 저에게 ××라고 하는 걸 정말로 들었어요."

만세는 사뭇 억울하다는 듯이 울먹이며 말했다.

"저는 그런 적 없어요. 그냥 저희들끼리 말하고 있었는데 갑자기 샛별이가 오더니 ××라고 해서 저도 샛별이에게 ××라고 말한 것뿐이에요."

샛별이는 누가 살짝 손만 대도 터져 버리는 부풀대로 부푼 풍선 같은 학생이었다. 귀를 항상 다른 친구들에게 쫑긋 세우고 자신에 대한 이야기를 할까 긴장하고 누구가가 자신의 몸에 손이라도 대면 무슨 큰일이 있는 것처럼 소리를 질렀다.

학기 초부터 샛별이 부모님과 상담을 해야겠다는 생각은 있었으나 이전 담임으로부터 전해 들은 이야기가 있어 혼자서 해결할 수 있을 거라 믿으며 차일피일 미루었다. 하지만 이런 일이 자주 일어나니 샛별이의 어머니와 한번 이야기를 나눠 봐야 할 것 같아 내키지 않았지만 샛별이 어머니에게 전화를 돌렸다.

"지금은 샛별이가 아빠랑 같이 살고 있으니 샛별이 아빠랑 이야기해 보세요."

정작 샛별이에 대한 이야기는 하지 않으시고 샛별이 어머니께서는 샛별이와 떨어져 살게 된 가장 큰 이유는 샛별이 아버지의 폭력이라는 말씀과 얼마 전까지는 샛별이를 돌보았으나 직장에 나가면서부터 아이를 돌볼 처지가 되지 않아 샛별이 아버지에게 샛별이를 보냈다는 말씀만 하셨다. 지금은 샛별이가 아버지랑 살고 있으니 일이 생기면 그쪽과 통화를 하라며 전화를 끊었다. 샛별이 아버지는 샛별이가 지금 이렇게 행동하는 것에 대해서는 자신은 책임이 없다는 것처럼 말씀하시며 모든 것을 엄마 탓으로 돌리셨다. 샛별이가 지금 양쪽 부모님 사이에서 외줄 타기를 하고 있는 듯 느껴져 안쓰러워 보였다.

요즈음은 개인 정보 보호에 민감하여 학생의 가정사를 교사가 일일이 알고 있기가 어렵다. 학기 초 가정에 학생에 대한 이해자료 〈나를 소개합니다〉 안내문을 배부하면 엄마, 아빠랑 같이 살고 있지 않아도 같이 살고 있는 것처럼 써 오기 때문에 학생의 가정환경을 잘 모를 뿐더러 교사도 굳이 알려고 하지 않는다.

그런데 샛별이처럼 학교에서 친구들과 문제를 일으키게 되면 학생의 문제 상황 해결을 위해 담임은 많은 정보를 알고 싶어 하지만 학부모님들은 알리고 싶지 않아 한다. 이럴 땐 정말 학부모와 교사 간에 학생에 대한 정보 공유가 절실하다는 생각이 든다.

"선생님 샛별이가 민국이 싸대기를 때렸어요."

쉬는 시간에 웬 날벼락 같은 소리인가 싶어 화장실을 다녀오는 나의 발걸음을 재촉하였다. 그리고 샛별이와 민국이를 옆 교실로 불러 이야기를 들어 보았다.

"선생님 저는 진짜 샛별이에게 아무 말도 하지 않았어요. 어제 우리 엄마 생신이어서 아빠랑 누나랑 모두 모여 저녁에 외식한 이야기를 했을 뿐이에요."

"아네요. 민국이가 우리 엄마 흉을 봤어요."

"샛별아. 민국이가 뭐라고 했는데?"

"자세한 건 몰라요. 하지만 정말로 민국이가 우리 엄마 어쩌고저쩌고 했어요."

이렇게 두 명의 이야기가 다르면 참으로 난감하다. 얼굴을 때린 사건은 그냥 학생들끼리 사과하고 지도하고 넘어갈 수 있는 경우가 아니므로 학부모님께 연락을 드려야 하는데 이렇게 아이들끼리 서로 이야기가 다르면 학부모님께 어떻게 이야기를 전달해야 할지 교사로서 머리가 복잡해진다. 가능하면 편견을 담지 않고 사실을 그대로 옮기되 잘못한 행동에 대해서는 꼭 부모님께 부탁의 말씀을 곁들여서 해야겠다고 다짐하며 부모님들을 기다렸다.

샛별이 아버지와 민국이의 어머니께서 학교에 오셨다. 두 분에게 아이들이 말한 상황을 말씀드리니 샛별이의 아버지께서는 참으로 난감해하셨다. 샛별이 어머니에게 샛별이의 학교생활을 들은 적이 없을뿐더러 샛별이가 학교에서 잘 지내고 있을 것이라 생각했지 친구들과의 관계에 어려움을 겪을 것이라고는 것을 전혀 생각해 본 적이 없다고 말씀하셨다. 샛별이 부모님은 사이가 좋지 않아 연락을 거의 하지 않으며 샛별이에 대한 대화를 거의 하지 못한 것 같은 생각이 들었다. 그동안 여러 학년을 거쳐 오면서 샛별이의 담임선생님이 어머니께 통화를 몇 번이나 했을 텐데⋯ 이런 샛별이의 상황을 알지 못했다니. 다행히 샛별이 아버지께서 민국이 어머니에게 사과를 하면서 조용히 해결되었다. 이후 이 일을 알게 되신 샛별이 어머님께서도 나에게 전화를 해서 자세히 물어보셨다. 그 후 샛별이의 부모님들 관계는 어떻게 되었는지 모른다.

샛별이 부모님께서는 두 분의 이혼이 샛별이에게 이렇게 큰 영향을 미칠 것이라는 것을 아셨을까? 이혼은 어른에게도 참 어려운 숙제다. 그 힘든 숙제를 하면서 아이를 키운다는 것이 더더욱 힘든 일이라는 것도 알고 있다. 하지만 그 아이는 남의 아이도 아닌 내 소중한 아이인데 저절로 큰다고 생각하는 것은 큰 오산이다.

드라마에서 고등학생이 부모의 이혼으로 인해 도벽이 생기고, 부모의 이혼이라는 상황에 대해 감정을 어떻게 표현할지 몰라 방황하는 것을 본 적이 있다. 샛별이는 초등학교에 들어오기 전에 이런 일을 겪었으니 오죽했을까. 샛별이가 자신의 상황에 대해 이해하는 것이 너무나 두렵고 싫어서 그리고 그 상황에 대한 자신의 감정을 표현하는 방법으로 이런 행동을 나타낸 것은 아닐까?

샛별이는 여전히 학교에서 친구들 사이를 서성이는 학생이었고, 친구들과 사소한 다툼을 하며 화가 나면 욕을 하거나 소리를 지르는 학생이었다. 시간이 흐르고 샛별이는 졸업을 했고 그 이후 난 샛별이를 생각해 본 적이 없었다.

샛별이와의 우연한 만남이 정말 반갑기 그지없다. 그때는 샛별이로 엄청 힘들어했는데 시간이 흐르니 나에겐 아무 감정이 남아 있지 않고 지금은 샛별이가 반가운 이름으로 다가온다.

아프리카 속담에 '아이 하나를 키우는 데는 마을 전체가 필요하다'는 말이 있다. 한 명의 아이를 바르고 멋진 어른으로 성장시키는 데 그 아이의 가족뿐만이 아니라 그 아이와 함께 생활하고 있는 테두리에 머무르는 어른들 모두 그 아이의 올바른 성장에 책임이 있다는 말일 것이다. 자신의 아이가 아닌데도 아이 하나를 키우는 데 마을 사람들이 서로 이해하고 도움을 주며 아이를 키운다는 정말 멋진 말이다.

우리 마을 전체가 한 학생에게 관심을 가져 주는 것이 어렵다면 내 아이가 속한 반의 학생들에게라도 교사나 학부모들이 마을이 되어 주면 어떨까? 아이를 키우는데 서로 같은 마음으로 배려하고 이해해 준다면 아이는 든든한 지원군들의 따뜻함을 자양분 삼아 더욱 단단하게 성장해 나갈 것이다.

'007'작전처럼 이루어진
제주도 여행기

11년째 나와의 만남을 이어 오고 있는 현이 어머니! 오늘은 특별히 스승의 날이라며 작은 카네이션 화분과 함께 점심 식사에 초대를 해 주셨다. '김영란법'도 적용되지 않는 제자라면서 점심 한 끼를 하자고 하셨다. 특별한 날이라는 생각은 없었지만 함께 하고픈 그 마음을 이해 못 해 줄 아무런 이유도 없었다.

현이를 만났던 4학년 시절, 추억의 페이지를 열어 보았다. 학생들의 담임을 맡으면 언제나 그렇듯이 내가 맡은 아이들이 가진 재능을 잘 발휘할 수 있도록 돕고 싶다는 생각을 하게 된다. 그때 나의 눈에 띄는 학생이 한 명 있었다. 창의적인 생각도 잘하고 두뇌 회전도 빠른 현이가 바로 나의 눈에 띄었다.

'아깝다. 저 아이가 가지고 있는 재능을 잘 발휘할 수 있는 기회가 있으면 참 좋겠다.'

그러던 중 정보 영재 선발이라는 공문을 보게 되었고, 나의 눈은 번쩍 현이에게로 향하고 있었다.

'그래, 현이는 이 정보 영재를 하기에 딱 알맞은 아이야. 저 아이에게 이런 좋은 교육의 기회를 가지게 해 봐야지!'

나의 눈에 띈 현이는 충분히 영재성을 지닌 아이였고, 또 그 아이가 정보 영재가 되어 특별한 교육 기회를 얻게 될 것이라는 데에는 아무런 의심도 없었다. 나는 정보 영재 지원신청서 작성 서류를 가정으로 보냈고, 지원 동기, 자기 소개서, 담임 추천서 등 정보 영재 선발에 필요한 서류를 하나씩 작성할 수 있도록 안내를 했고 나 또한 담임 추천서를 세밀하게 작성해 주었다.

1차는 서류전형으로 교육청에서 요구하는 서류를 넣으면 된다. 이 1차의 관문은 어쩌면 서류만 갖추면 모두 통과를 할 수 있는 그런 단계이다. 일단 1단계는 통과를 했고 이번에는 2차 단계인 영재성 검사 시험이다. 물론 이 단계를 통과하기가 정말 어렵다. 왜냐하면 영재성 검사에서 거의 대부분 영재인지 아닌지의 평가가 나기 때문이다. 2단계 시험을 보고 며칠이 지난 후 현이가 그 2단계를 통과했다는 이야기를 듣고는 나는 뛸 듯이 기뻤다.

'잘못 본 것이 아니구나! 그래, 이제 현이가 가진 잠재력을 무한히 펼칠 수 있는 정말 좋은 기회가 온 거야!'

정말 나에게 좋은 일이 일어난 것처럼, 내 자녀에게 좋은 일이 일어난 것처럼 나는 뛸 듯이 기뻤다.

마지막 3단계 시험은 면접이다. 대부분의 면접이 그렇듯이 영재교육을 받기 전 포부나 각오 혹은 학생의 꿈에 대해 이야기를 하면서 앞으로 열심히 하라는 이야기를 나누는 형태로 진행이 된다는 이야기를 들었다. 그렇기 때문에 현이가 앞으로 정보 영재 교육을 받게 된다는 사실은 거의 100% 확실하였고 현이의 부모님도 정말 좋아하셨다.

면접을 2주일 앞두고 갑자기 전화벨이 울렸다.

"여보세요? 선생님 저희 현이 면접에 참여할 수 없을 것 같아요."

"뭐라구요? 왜요?"

"전 그날이 면접 날인 줄 깜빡했는데요. 할아버지 환갑잔치를 가족들 모두 모여서 제주도에서 하기로 했거든요. 선생님 그런데 이 사정을 이야기하면 안 될까요?"

대부분의 면접이라는 것이 형식적인 절차이긴 하지만 참석 자체를 안 한다는 것은 탈락을 의미하는 것이다. 나의 머릿속은 복잡하게 움직이고 있었다.

"어머니! 사정을 이야기해도 참석을 안 한다는 것은 포기를 의미해요."

"네, 선생님! 그럼 할 수 없겠죠? 아하, 좋은 기회였는데 어쩔 수 없네요."

'뭐라구요? 이렇게 좋은 기회를 그냥 버리신다고요? 어머님! 누구는 능력이 안 되어서 못 받는 영재교육의 기회를 마지막 단계에서 그냥 포기하신다고요?'

참 그렇게 허망할 수가 없었다. 어떻게든 현이 어머니의 생각을 바꾸어야만 했다. 순간 아주 차분하게 전화를 끊기 전 나의 머리는 빠른 속도로 어떤 말을 해야 할지 정리를 하고 있었다.

"어머님! 어머님이 어떻게 결정을 하든 저는 그 결정에 따라야 하겠지요? 하지만 이번 결정을 정말 신중하게 하셨으면 합니다. 아이의 미래가 걸려 있기도 한 일이지만, 아이가 살아가게 될 긴 인생을 생각하시기 바랍니다. 앞으로 현이가 중요한 결정의 순간에 마지막에 포기를 하는 일이 또 일어날까 봐 저는 걱정입니다."

이 말이 어머님의 머릿속에 비수처럼 꽂혔을까? 아니면 어머님도 이번 기회를 안타깝게 생각하고 계셨을까?

"선생님, 현이 아버지와 다시 한 번만 상의해 보고 전화를 드릴게요."

전화를 내려놓는 손에 힘이 풀렸다. 이제 내가 할 수 있는 일은 하나도 없다는 생각에 학부모님의 결정에 따라야 한다는 사실에 마음속 한 구석이 무너지고 있었다.

'가족들의 제주도 여행 일정을 바꿀까?'

'멀리 가지 않는 것으로 환갑잔치의 방향을 바꿀까?'

'환갑인데 꼭 정한 날짜에 하지 않고 당겨도 되지 않을까?'

'제주도 여행이라면 숙소 예약도 이미 이루어져서 바꿀 수 없겠지?'

다음 날 다시 기다렸던 전화벨이 울렸다.

"선생님! 저희 현이 면접에 참여하기로 하였어요."

"아 그래요? 정말 다행이네요. 잘하셨어요."

긴 내용은 묻지도 않았다. 아주 짧게 '잘하셨어요.' 이 말만을 쿨하게 하면서 속으로는 뛸 듯이 기뻤지만 제주도 여행에 대한 이야기는 애써 묻지 않고 전화를 끊었다.

나중에 듣게 된 이야기지만 이번엔 부모님이 너무도 '통' 크게, 아슬아슬한 선택을 했다는 이야기를 듣게 되었다.

현이는 다른 학부모님과 함께 면접을 보러 갔고, 면접이 끝난 직후 그 학부모님은 곧바로 터미널로 데려다주었고, 현이는 혼자 인천공항으로 향하는 버스를 타고 인천공항으로 갔다는 이야기를 들을 수 있었다. 물론 그곳에는 현이의 삼촌이 남아서 공항버스가 하차하는 지점에서 현이를 기다리고 있었고 밤에 출발하는 제주도행 비행기로 가족들이 함께 합류했다고 한다.

이렇게 아슬아슬한 선택을 했을 거라고는 상상도 못 했었다. 사람이 살다 보면 만일이라는 변수가 있는데 어떻게 아이한테 혼자 인천공항으로 오게 하는 선택을 하셨을까? 더 물어보지 않은 나의 행동에 뒤늦은 후회가 밀려오는 순간이었다. 또 한편으로는 그 복잡한 계산을 했을 현이의 부모님과 혼자서 인천공항으로 간 현이의 마음속 대처와 결심에 대해 나는 한동안 깊은 생각을 할 수 밖에 없었다.

"선생님! 저 그때만큼 시계를 많이 본 적도 없었어요. 머릿속으로는 꼭 삼촌을 만나야 한다는 생각만 했어요. 완전 정신집중이 되더라구요. 저에게 그 일은 '007작전' 같은 거였어요."

다행히 생각했던 것처럼 삼촌과 만났고, 가족들과의 제주도 여행에 무사히 합류하였다고 한다.

'이것은 아니었는데!'를 말하고 있었지만, 결과적으로는 내가 바라는 대로 면접이 이루어졌고 자신의 적성에 딱 맞는 현이의 정보 영재 교육은 5년 동안 쭈욱 이어졌다. 그도 그럴 것이 초등학교 5학년부터 시작하여 중학교 3년 동안 계속 이어졌으니까!

우리는 살아가면서 많은 선택을 한다. 물론 그 선택에 따라 그 사람의 내일이 달라지기도 하고 미래가 달라지기도 한다. 때론 무리하기도 한 선택이 그 사람의 인생에 커다란 깨달음을 주기도 한다. 현이는 이번 결정을 통하여 어떤 깨달음을 얻었을까?

11년이 지난 지금도 현이의 엄마는 나에게 친구와도 같은 존재로 남아 있다. 아이가 커 가면서 어떤 중요한 선택의 문제가 있을 때 나는 함께 고민을 해 주고 나의 생각을 말해 주기도 한다. 이제는 담임교사와 학부모의 관계가 아닌 아주 편안한 관계로 만나고 있다. 그리고 나는 그때의 일이 잘 짜여진 '퍼즐 조각'처럼 딱 맞아떨어지게 진행되었던 것에 감사함을 느끼고 있다.

너무나 원리원칙이어서
원형 탈모까지!

‎✧

　'스트레스는 만병의 근원'이라는 말이 있듯이 어린이나 어른을 막론하고 스트레스를 받게 되면 그 힘듦은 이루 말할 수 없다. 특히 어린이들에게서 발생하는 스트레스의 경우 어떻게 풀어야 할지 방법도 모른 채, 온몸으로 그 스트레스를 받아들인다고 한다. 어른들은 스트레스를 받으면 자기 나름대로 그 스트레스를 푸는 방법을 찾으며 또한 그 스트레스를 풀어 본 경험을 토대로 어떻게 하든 스트레스를 덜어 내고자 한다.

　"뭐라고요? 원형 탈모요? 왜요? 그렇게 모범적인 보람이가 왜요?"

　"선생님! 저도 몰랐어요. 그 모범적인 게 때론 문제가 된다는 것을요! 다른 아이들처럼 도망치지도 못하고 꾀도 부리지 못하는 성격이 애를 이렇게 만들었대요."

　나는 보람이 엄마를 붙잡고 그렇게 같이 울었다.

'원형 탈모라니? 그것도 이 어린 나이에 원형 탈모라니?'

가끔 직장인들이 상사에게 시달리거나 업무 스트레스 때문에 원형 탈모가 발생한다는 이야기나 사춘기 스트레스로 원형 탈모가 생겼다는 이야기는 들어 본 적이 있다. 그런데 아직 초등학교 5학년인 보람이가 원형 탈모가 생겼다는 사실을 나는 도저히 이해할 수 없었다.

"무엇 때문에요?"

"그놈의 모든 일에 원리원칙주의인 우리 보람이의 성격이 문제를 만든 거래요."

학생 수가 많은 학급에서는 분단별로 돌아가면서 청소를 하게 된다. 모든 학생들이 청소하기에는 그것이 비효율적이기도 하고, 청소가 아닌 날에는 조금 더 일찍 집에 가는 즐거움을 학생들은 느껴 보고 싶은 마음에 학급 회의가 열리면 항상 '분단을 정해 돌아가면서 청소를 하자'로 결정이 되곤 한다.

그렇게 청소분단이 결정되면 학급의 아이들은 서로 구역을 나누어 청소하게 된다. 가끔 담임선생님은 아이들을 믿기에, 10분 정도의 청소 시간 안에 말끔히 청소를 마치고 반장이나 부반장 정도의 직책을 맡은 아이들에게 청소를 모두 다 마치면 선생님에게 이야기하고 아이들을 집에 가게 해도 좋다는 이야기를 한다. 그리고 그렇게 하는 것에 아무런 문제가 없었다. 아이들은 담임선생님의 말을 잘 따랐고 '아니나 다를까?' 다음 날 교실은 완벽하게도 말끔하게 줄을 맞추어 정리정돈이 되어 있었으니까!

"선생님, 사실은요. 처음에는 10분 동안 함께 청소를 잘하고 집에 가곤 했었대요. 그러다가 사정이 있는 아이들이 먼저 집에 가겠다고 하곤 가 버리고 또 그러기를 여러 번 하다가 어느 날 아이들의 모습이 완전히 바뀌었대요. 한 5분 청소하다가 빗자루를 집어 던지고 집으로 갔대요."

"선생님께 이야기를 하지는 않았대요?"

"네, 이것도 우리 보람이의 성격 때문에 일러 주지도 못한 거래요. 그리고 선생님이 시킨 청소를 해야 하는 것이 옳은 일이니까, 혼자 남아서 청소를 다 하고 줄을 맞추고 집으로 간 거예요. 그것이 계속된 것이에요."

'깨진 유리창의 법칙' 같은 것이 머릿속에 떠올랐다. 아무도 깨뜨리지 않으면 그대로 잘 유지가 되지만 누군가가 유리창을 깨기 시작하면 모두 그래도 되는 문화가 형성되어 결국엔 잘 유지되었던 것들이 깨져 버리는….

이야기하는 보람이 어머니의 눈에는 이미 눈물이 맺혔다. 그 이야기를 듣고 있는 나의 눈에도 눈물이 맺혔다. 나도 같이 울었다. 아이의 머리에 원형 탈모가 생기고 도저히 그 이유를 알 수 없었던 엄마는 치료차 병원을 방문했고 상담 과정에서 그 이유를 들을 수 있었다고 한다.

"저도 이 사실을 너무 늦게 알아 버렸고 담임선생님께 말씀을 드렸더니 담임선생님도 너무 기가 막히다며 여러 번 고개를 숙여 죄송하다는 말씀을 하셨어요. 그래도 우리 보람이의 탈모가 잘 해결이 되었고 심리치료도 병행하면서 아이가 많이 좋아져서 이 말씀을 드릴 수가 있게 되었어요."

조금 내성적이기는 하지만 자신이 해야 할 일을 너무나도 완벽하게 해냈던 보람이가 아무 문제가 없이 4학년을 마치고 5학년으로 올라갔던 터라 나는 보람이에게 이렇게 커다란 마음의 문제가 생길 거라고는 상상도 할 수 없었다.

무엇이 문제였을까? 비록 10분의 청소 시간이었지만 흔히 말하는 사제동행의 청소가 이루어졌다면? 반장이 청소를 다했다고 이야기하러 왔을 때만이라도 청소 검사를 하러 교실에 왔더라면? 정말 일어나지 말아야 했을 안타까운 이 일에 대해 교육자로서 책임이 너무 무겁게만 느껴졌다. 또한 내가 한 해 동안 가르쳤던 아이에게서 이런 일이 일어났다는 것이 마음속으로 도저히 용납되지 않았고 이해가 되지도 않았다. 너무나 속상한 마음뿐이었다.

"선생님! 제가 이 이야기를 선생님께 다 털어놓는 이유는요? 우리 보람이의 6학년 때 담임선생님 배정에 대한 고민이에요. 제가 직접적으로 학교 측에 말씀은 못 드리겠지만 저희 보람이를 가장 잘 알고 있고 우리 보람이가 가장 믿는 선생님이기 때문에 말씀을 드리는 거예요. 선생님이 담임선생님을 해 주시면 더욱 좋구요. 만약에 선생님이 담임선생님이 안 되더라도 선생님이 믿을 수 있는 선생님으로 배정될 수 있도록 이야기 좀 부탁 드려요."

"네, 제가 꼭 교감선생님께 상의를 드려서 어머님의 마음과 입장이 잘 전달될 수 있도록 말씀드릴게요. 보람이는 아직 치료 중이니까요."

어머니의 눈에는 또다시 눈물이 글썽거린다. 나도 따라 눈물이 글썽거렸다. 함께 보람이를 생각하면서 아파하면서 흘린 눈물이었다.

나중에 알게 된 일이지만 5학년 때 담임선생님도 그 일을 알게 된 시점부터 죄책감에 시달려 왔다고 한다. 쉽지 않았을 텐데 어느 날 후배인 나에게 고민을 털어놓았다. 나는 일부러 잘 모르고 있는 것처럼 가만히 듣고 있었다. 보람이 어머니의 이야기가 잊혀지지 않는다고 했다.

"선생님! 우리 아이가 조금 다른 건 맞아요. 너무 고지식하고 원리원칙주의라는 것을요. 그런데 4학년 때에는 정말 행복하고 즐거웠다고 하더라구요."

이 말이 계속 귓가를 맴돌아서 자신의 지난날을 자꾸 돌아보게 되고 자신과 비교를 하게 되더라는 말씀을 하셨다. 오늘은 용기를 내 이야기를 하러 오셨다고 했다.

"한 아이에게 이렇게 큰 마음의 상처를 주었는데 계속 교직에 머물러 있어야 할까? 교직을 그만두어야 할까? 를 심각하게 고민하고 있어요. 그러다가 선생님의 결정을 따르고 싶어서 왔어요."

선생님의 이야기를 듣고 내가 이런 고민에 대한 판단과 결정을 할 수 있는 사람인가? 그래도 되는가? 에 대한 고민을 하고 있었다. 하지만 빨리 어떤 결정을 해 주어야 한다는 사실도 알고 있었다.

"음, 제가 이런 말을 해도 될지는 잘 모르겠지만요. 선생님이 그 사실을 알았다면 계속 그렇게 두었겠어요? 아무도 말하지 않았고 모두가 아무 일도 아니라고 생각한 것은 모두의 잘못이겠죠! 그래도 다행히 보람이가 치료가 잘되고 있다고 하잖아요. 선생님! 우리들 누구라도 실수는 하잖아요. 두 번 다시 똑같은 실수를 하지 않으면 되는 거라 생각해요. 선생님은 지금 충분히 많이 아파하시니까요."

그날 이후 그 선생님은 절대로 교실을 비우지 않고 학생들과 사제동행을 하고 있다고 했다. 아니 그 선생님만 사제동행을 하는 것이 아니었다. 나에게도 그런 습관이 생겼다. 아이들과 함께 청소하고, 아이들이 노는 곳에 나도 있고, 아이들이 이야기하는 곳에 나도 함께하는 좋은 습관 하나가 생겼다.

보람이는 6학년 담임 배정을 할 때 학생의 특수 상황이 받아들여져서 6학년 담임이 특별하게 배정이 되었다. 그리고 학교생활을 아주 잘하고 있다는 기분 좋은 소식도 계속적으로 들을 수 있었다. 치료도 잘되었다는 기쁜 소식을 들을 수 있었다.

담임과 학부모는 어떤 관계인가? 아니 담임과 학부모의 관계는 어떤 관계여야 하는가? 때론 솔직하게 아이의 문제에 대하여 고민을 털어놓고 더욱 좋은 방향으로 전개될 수 있도록 마음의 문을 열 수 있다면 교육은 정말 더 잘 이루어질 수 있고 더 좋은 방향으로 전개될 수도 있을 것이다. 우리 모두 서로의 이야기를 귀담아들으려 하고 최소한의 믿음과 신뢰가 형성되어 있다면 말이다.

아이가 준비될 때까지
기다린다는 것

⚜

학부모와의 첫 상담은 매년 매번 떨리는 순간이다. 아이에 대한 기록들을 먼저 살펴보고, 해 드릴 말들도 정리하고, 미리 제출한 상담하고 싶어 하는 부분에 대한 자료들도 준비하지만 상담이 교사의 계획대로 예상대로 진행되는 경우는 거의 없다. 우리 사람들 관계이기에.

오늘은 어떤 상담이 되려나 생각하고 있는데 우리 반에서 가장 작은 남자아이 형인이의 어머님이 예정된 상담 시간보다 늦게 수줍어하며 교실로 들어오는 모습이 보여 자리에서 일어나 반갑게 인사했다.

"형인이 어머님이시죠? 반갑습니다. 이쪽으로 와서 앉으세요."

말없이 고개만 깊이 숙여 인사하는데 표정이 많이 어둡고 긴장한 모습이어서 아이에게 무슨 일이 있는지 내심 걱정이 되었다.

"저 선생님, 우리 형인이 학교에서 어떤가요? 선생님을 많이 힘들게 하나요? 친구들과 문제는 아직 없나요?"

조심스럽게 꺼내신 말을 듣고, 평소 형인이를 떠올렸다. 수업 시간 1~2분 전에 다음 수업 준비를 하도록 안내를 했을 때 형인이만 뭔가 다른 것을 하느라 책상 위에 너무 많은 게 있어서 한 10번 정도 더 준비하라고 안내했더니 수업 준비를 마쳤던 거랑 반 남자 친구들을 따라가며 같이 놀고 싶어 하는 게 보여서 모두를 불러 선생님이랑 같이 놀자고 제안해 다 같이 놀았던 기억들이 머리를 스쳤다.

"형인이는 집중도가 높아서 다음 시간 준비를 할 때 어려워하는데 한 10번 정도 안내하면 스스로 정리하더라구요. 사람마다 준비할 시간이 다르게 필요하겠죠. 자기 자리나 사물함 정리는 형인이가 그 시간에 못 하면 남아서 하고 가기 때문에 사실 저는 힘든 게 없어요. 그리고 형인이 어머님, 형인이가 수학을 참 좋아하더라구요. 수학 문제 해결도 빨리하는데, 정확성도 높고 무엇보다 자기만의 수학적 해결방식이 있고 이걸 잘 설명하더라구요. 형인이에게 아직 묻지 못했지만 수학 시간에 저랑 같이 꼬마 선생님이 되어서 수학을 어려워하는 친구에게 도움을 주면 어떨까 하는데 어머님 생각은 어떠세요?"

대답을 기다리고 있던 나는 형인이 어머님이 대답 없이 눈물을 흘리고 있어 적잖이 당황했다. 무슨 이유가 있으신 것 같아 휴지를 드리고 형인이 어머님께서 감정을 정리하시도록 가만히 기다리기로 했다.

"선생님, 사실 저 너무 상담 시간이 무서워서 올 용기가 나지 않았어요. 밖에서 서성이다가 상담 시간도 늦었어요. 매년 상담하고 나서 많이 울었어요. 오늘은 안 울려고 했는데 상담 시간에 울어 버렸네요. 형인이가 학교 들어와서 5학년이 되기 전까지 매년 담임선생님께 가면 우리 형인이, ADHD검사 받으라고, 문제 있다는 이야기만 하셔서서 너무 힘들었거든요. 근데 선생님은 우리 형인이 보고 늦게 준비할 수 있다고, 또 우리 형인이가 수학 좋아하고 잘한다는 걸 처음 알아봐 주셨어요. 너무 기쁘기도 하고, 예전 기억이 나서 주책없이 눈물이 자꾸 나네요. 죄송합니다."

상담을 통해 알아보니, 원래 형인이는 어릴 적부터 많은 부분에서 뛰어난 영재성을 보여서 현재 5학년인데 중학교 수학을 배우고 있다고 했다. 하지만 몸집도 작고, 나서서 스스로를 자랑하고 드러내는 성격이 아닌 형인이는 친구들조차 아이가 수학을 잘한다는 것을 모르고 있다고 어머님께서 말해 주셨다. 그 후 형인이는 수학 시간에 나와 같이 자신만의 해결방식을 찾아 친구들에게 설명해 주며 자신감을 찾았고, 선생님 설명보다 형인이의 문제 푸는 방법이 더 쉽고 재미있다고 꼬마 선생님에게 질문하는 친구들이 하나둘 늘기 시작했다. 그러면서 형인이가 작아서 동생처럼 취급하고 함께 어울리지 않으려고 했던 친구들 사이에서도 형인이는 같이 놀고 싶은 친구가 되었다.

그해 말 형인이는 응시한 수학 영재 시험 모두에서 합격 통지를 받았고, 6학년이 되어 졸업할 때에도 나를 찾아와 수학자가 돼서 선생님을 만나러 오겠다고 말했다. 나는 평소 형인이가 좋아하는 수학자에 관한 책을 선물하며 형인이를 응원한다고 말했다.

중학교 수학 영재교육원 문제로 고민하시던 형인이 어머님께서 연락하셔서 지역 영재교육원 관련 입시 자료와 좀 더 형인이에게 맞는 커리큘럼으로 운영하는 영재교육원을 추천해 드렸다. 그 후 중학교 수학 영재원에도 합격하고, 중학교 입시 시험에서도 좋은 성적을 냈다며 전화하신 어머니는 나로 인해 형인이의 인생이 바뀌었다고 말씀하셨다.

사실 나는 내가 맡은 아이를 위해 매년 하는 노력을 했을 뿐이다. "아이가 준비될 때까지 기다린다"는 것 말이다. 내가 형인이의 산만함을 기다림으로 답하지 않았다면 어떻게 되었을까?

선생님이 다 다르듯이, 아이들도 모두 다르고, 나와 맞는 아이가 있을 수 있고, 나와 정말 맞지 않는 아이가 있을 수 있다. 나와 맞지 않는 아이는 어쩌면 나보다 더 힘든 한 해를 보내고 있을지도 모른다. 형인이가 나를 만나기 전 겪었던 힘든 시간이 나로 인해 조금이나마 줄어들었다면 그 노력, 해 볼 만하지 않을까.

내 아이라고
생각하면 답이 나와요

ꌾ

    나의 교직 경력은 15년밖에 되지 않는다. 그중 전담 기간을 빼면 13년이 담임이었다. 그 13년의 담임 경력을 놓고 이런 이야기를 하는 것은 조금 부끄러운 일이긴 해도 돌이켜보면 매년 버라이어티한 생활이었다. 요즘은 교사라는 직업을 기피하고 어렵게 교사가 되었음에도 불구하고 몇 년 해 보지도 않고 사표를 내고 떠나는 교사들의 이야기를 많이 들을 수 있다. 교사라는 직업이 어려운 이유는 바로 교사는 감정노동자이기 때문이다. 해마다 성향이 다른 아이들을 만나면서 교사는 감정을 많이 소비한다. 아이들뿐만 아니라 학부모님들과의 관계에서도 우리는 많은 에너지를 소비하고 있다. 실제로 교직경력이 많으신 분들도 학부모님들과 마찰이 생기면 명예퇴직을 고려하시는 분들도 많고, 신규 교사들도 학부모님들과의 마찰로 사표를 던지는 사례가 점점 늘고 있다. 이러한 주변의 사례를 들으면 나의 결단력이 부족한 것인지 아니면 다른 특기를 찾지 못해서 이 자리를 지키는 것인지 가끔 나의 무능함(?)도 생각하게 된다. 하지만 그럭저럭 나는 이러한 교직생활에 적응하며 잘 살고 있는 것 같다.

나에게도 아이가 있어 학교의 아이들을 나의 아이와 이입하면서 지내는 때가 많다. 가끔씩 학교에서 생기는 문제를 부모의 입장에서 생각하고 결정을 내리면 그다지 어려울 일이 없다는 사실도 깨닫게 됐다.

우리 반 미르는 '귀차니즘'의 극치였다. 수업 시간에 해야 할 학습 과제들을 안 하고 멍하니 있는가 하면 자기가 하고 싶은 활동만 골라 하는 녀석이다. 그렇다고 공부를 못하는 것 같지도 않다. 국어 시간에 글을 제법 읽으면서 글씨 쓰기는 너무 싫어하고, 수학 셈하기는 하면서 문제를 풀어 보라고 하면 아무것도 안 하고 멍하니 앉아 있다. 잡지에서 가족의 얼굴을 오리라고 하니 열심히 잡지를 읽고 있고 뭘 하라고 하면 화장실 다녀오고 싶다고 핑계를 대는 엉뚱한 녀석. 그런 녀석이 아직 유치원 티를 못 벗어서 그런가 보다 싶다가도 가끔은 나도 모르게 화딱지가 난다. 그래도 어쩌겠는가? 집에서는 귀한 아들이고 귀엽기만 한 꼬맹이일 텐데.

이렇게 매일매일 나와 씨름을 하던 중 이런 녀석들을 위해 교육지원청에서 지원하는 '학습클리닉'을 신청하라는 공문이 날아왔다. 부모의 입장에서 생각했을 때 어머니께 미르가 학습에 특별한 문제가 있는 것이 아니라 학습클리닉을 통해 개선 가능성이 있다고 알려 드리면 어머니도 크게 거부감이 생기지 않을 것 같은 예감이 들었다. 학교에서 보여지는 미르의 상태를 알려 드리고 어머니를 이해시키는 것이 가장 중요하다 생각했다. 내가 보기에도 미르는 장애가 있는 것은 아니고 단지 학습 태도의 문제였다. 나는 미르 어머니께 전화를 드렸다.

"어머니, 안녕하세요. 미르 담임이에요."

"네, 선생님, 안녕하세요."

"다름이 아니라 미르가 학교 이야기를 많이 하던가요?"

"아뇨, 그다지 많이 하지는 않아요. 그래도 학교 가기 싫다는 말은 안 해서 천만다행이라고 생각해요."

"그랬군요. 사실은 미르가 수업 시간에 그다지 집중을 하지 못해요. 하고 싶은 것만 하려고 하구요."

"집에서도 그런 경우가 많아요. 저도 집에서 공부할 땐 몽둥이 가져다 놓고 가르쳤어요. 꾀는 말짱해서 요리조리 빼요."

"친구들 이야기는 자주 하나요?"

"아니요. 예전에 친구들이 자기를 비웃는 것 같다고 이야기하더라구요. 미르가 학교에서 왕따를 당하고 있나요?"

"아뇨. 수업 시간에 매번 저에게 지적당하고 제가 언성을 높이기도 하니까 친구들 눈에 '바른 어린이'로 보이지는 않았을 거예요. 미르는 자신이 조금만 바뀌면 될 거란 걸 모르는 것 같아요. 그래서 말씀드리는 건데요, 혹시 학습클리닉이라고 들어보셨나요? 사실 미르는 수업에 집중만 잘하고 정서적인 안정만 찾으면 충분히 아이들과도 잘 어울릴 수 있거든요."

"미르에게 검사를 받아 보라는 말씀이신가요?"

목소리에 날이 서 있다. 걱정과 함께 나를 원망하는 목소리다.

"아니요. 미르에게 맞는 학습 방법도 찾고, 문제점을 찾아서 고치면 될 것 같아서요. 제가 말씀드리는 학습클리닉은 바른 공부 습관을 잡아 주는 프로그램이라 권유해 드리는 겁니다. 미르가 자꾸 하고 싶은 것만 하게 되면 아무래도 학습 결손이 생길 수 있잖아요."

"사실 유치원 때부터 선생님들이 너무 힘들어하셨어요. 심지어는 특수반에 넣어야 할 것 같다고 하신 분들도 계세요. 우리 미르의 상태가 그 정도인가요?"

"아니에요, 어머니. 미르는 단지 아직 생각이 어리고 유치원 때처럼 행동하는 애기라서 그런 거지 절대로 장애가 있는 것은 아니에요. 공부하는 것을 봐도 우리 반 아이들과 다르지 않고요, 단지 학교 생활에 적응하기를 힘들어하는 것처럼 보입니다."

"그렇게 말씀해 주셔서 너무 감사 드려요. 그래도 다행이네요. 우리 미르가 정상이라니. 선생님, 저 그거 신청할게요!"

"네, 알겠습니다. 그럼 제가 신청서 양식을 미르 편에 보내겠습니다."

"네, 고맙습니다."

그렇게 미르는 학습클리닉을 신청하였다. 나 같아도 내 아이의 담임선생님이 아이를 학습클리닉에 넣자고 하면 '우리 아이가 그렇게 공부를 못하나?' 하며 기분이 언짢을 수 있을 것 같다. 또한 이전부터 유치원 선생님이나 주변 사람들이 미르를 특수아동으로 단정 짓고 말씀하셨다니 얼마나 마음이 아프셨을까? 미르는 첫째 아이이고 1학년이기 때문에 어머니께서 학습클리닉의 의미를 잘 모르실 수도 있다. 그럼에도 불구하고 나의 말을 믿고 잘 따라 주신 미르어머니가 너무나 고맙고 대단한 결심을 하셨다고 느껴졌다. 그렇게 신청을 하고 몇 주 뒤 바로 교육지원청에서 선생님이 나오셨다. 학습에 대한 전반적인 테스트를 하신 후 아이가 학습에 어떤 문제가 있는지 진단을 하신 후 미르에게 맞는 수업을 일주일에 두 번씩 진행해 주셨다. 의외이면서 다행히도 미르는 방과 후에 이루어지는 학습클리닉 공부를 즐거워했고 기특하게도 한 번도 빠짐없이 참여하였다. 그렇게 몇 달이 지났을까 학습클리닉 선생님께서 나에게 미르의 수업 태도를 물으셨다. 그러고 보니 미르가 많이 달라졌다.

수업 시간에도 제법 대답도 잘하고 시키는 과제를 그 시간에 잘 끝마치고 숙제도 잘해 왔다. 학습클리닉 선생님께서 정말 잘 가르치셨다고 생각했는데 선생님 말씀은 달랐다.

"어머니께서 너무나 적극적으로 미르의 참여를 유도해 주셨어요. 학습클리닉에 대한 거부감이 없이 오히려 저에게 다 맡겨 주셔서 전 굉장히 편했답니다. 그리고 미르는 학습이 되는 아이라 금방금방 이해하던걸요."

달라진 미르를 보면서 어머니께서 정말 기뻐하시겠구나 생각하니 내 마음도 흐뭇해졌다. 나도 어느새 한 아이의 엄마로서 학부모들의 마음을 이해하고 있는 것이다. 그리고 가끔은 내가 아이가 없었을 때 내가 맡았던 아이들에게 미안한 생각도 든다. 지금처럼 아이들을 소중하게 생각하지 않았던 것 같아서다. 생각하면 부끄러워서 시간을 돌리고 싶다. 왜 그땐 그렇게밖에 하지 못했을까?

'짱이'가 소설 속의 '엄석대'가
되는 것은 싫어요

나는 학년에서 짱이라는 아이의 4학년 담임이 되었다. 그 아이는 어떤 점에서 짱인지 잘 몰랐지만, 학부모들이나 학생들 사이에서는 그 아이를 건들지 않는 것이 불문율처럼 되어 있었다. 그 아이가 일으킨 문제들은 알게 모르게 많았고 그것이 무엇인지는 이야기를 듣기 전에는 몰랐다.

어느 날 현우 엄마가 조심스럽게 이야기를 꺼냈다.

"선생님, 짱이가 우리 현우의 닌텐도를 2학년 때 빌려 갔는데 아직도 돌려주지 않고 있어요. 말을 꺼내야 하는데 용기도 없고 또 우리 현우를 괴롭힐까 봐 겁이 나기도 해서 말도 못 꺼냈는데 같은 반이 되어 정말 걱정이에요."

"빌려 간 것이라면 돌려 달라고 하면 되는 것 아니에요? 그리고 돌려 달라고 이야기는 해 보셨어요?"

"아니요, 그런데 내 아이가 괴롭힘을 당할까 봐, 걱정되어서 그것을 말하지 못했어요."

"일단 잘 알겠습니다. 제가 이야기를 해 보겠습니다."

'짱이라는 아이의 잘못된 습관은 언제부터 시작되었을까? 그것을 말하지 않고 지나온 친구들과 부모님들에 의해 짱이의 잘못이 더 키워지고 있지는 않았을까?'

그날부터 짱이는 나의 레이더망에 초근접으로 들어왔다. 짱이도 나와의 좋은 관계를 형성하기 위해 내 주변을 맴돌고 있었다. 정말 다행인 것은 짱이는 머리가 아주 좋은 아이라는 것이었다. 그것은 논리적으로 이야기를 하면 통할지도 모른다는 생각을 가지게 했다.

"짱아, 오늘 방과 후에 남아서 선생님이랑 이야기 좀 할래?"

"네, 좋아요."

어떤 이야기인 줄 모르는 짱이는 환하게 웃으면서 나의 제안을 받아들였다.

"친구랑 같이 남아도 돼요?"

"아니, 너랑만 이야기하고 싶어."

어떤 이야기가 나올지 짱이는 오늘 하루 종일 궁금했을 것이다. 어떤 이야기를 듣게 될지? 학기 초라 담임선생님이 자신에 대해 알고 있는 것도 얼마 없을 터이고, 반짝이는 머릿속으로 얼마나 많은 생각을 했을지는 아무도 모를 것이다.

"짱아, 선생님은 어떤 사람인 것 같아?"

"좋은 사람요?"

"그렇지 좋은 사람 맞지! 그런데 때론 그 반대의 사람이 될 수도 있어!"

"선생님이 이야기 하나 들려줄게. 딱 2년 전 학년에서 일짱인 형아가 학교에 들어온 이후로 처음으로 운 적이 있었어. 선생님 때문에."

순간 잠시 정적이 흘렀고 짱이의 눈동자 구르는 소리를 들을 수 있었다. 짱이는 순간 어떤 생각을 하고 있었을까? 나는 계속 대화를 이어 갔다.

"너가 사실대로 말하고 원래대로 돌려놓는다면 나는 최소한 너를 울릴 생각은 없어."

"네? 무슨 말이신지?"

"닌텐도… 현우 닌텐도, 기억나니?"

"네."

"돌려줄 수 있어?"

"네…"

"그런데 그 닌텐도 계속 가지고 있으면 도둑이 되는 것 알지? 내일까지 바로 가져다줘! 나는 너랑 잘 지내고 싶거든."

"네."

그렇게 2년 전에 빌려 간 닌텐도는 주인의 품으로 돌아갔다. 나는 짱이가 가진 나쁜 습관 하나에 빼기를 해 주었다. 그것이 짱이가 메고 있었던 무거운 짐 중에서 하나를 내려놓게 한 선생님으로서 아주 좋은 일 하나를 한 것이다.

따르릉, 전화벨이 또 울렸다.

"선생님! 이런 이야기 해도 될지 모르겠지만 아무리 생각해도 이 건 아닌 것 같아요. 돈을 걷기는 했는데 어디에 썼는지는 아무도 몰라요. 잔액이 얼마나 남았는지도 모르고요. 남은 돈은 자기 돈처럼 막 쓰고 있는 것 같아요."

조용하던 '짱이'가 또 일을 냈다는 것이다. 그것도 교생선생님의 선물을 산다는 명목하에 참여하는 친구들 10명을 모았고 만 원씩을 걸었다는 것이다.

"어머님, 알려 주셔서 감사해요. 당연히 제가 알고 있어야 하는 일이었고 또 이것은 교육적이 아니에요. 제가 누가 이야기를 했는지 모르게 잘 해결하고 연락 드릴게요."

다음 날 우리 반 친구들은 학급 회의를 시작했다.

'선생님 선물 구입을 위해 모은 돈은 아무렇게 사용되어도 좋은 가?'라는 회의주제를 가지고 학급 회의는 시작되었고, 회의는 전체 학생들을 대상으로 이루어졌다. 아마 돈을 모았던 친구들이랑 돈을 아무렇게나 사용한 친구들에게는 그 시간이 고통의 시간이었는지 모를 일이었다. 그렇게 잠시 시간이 흐른 뒤 학급 회의의 결과는 '공동으로 모은 돈은 쓰인 곳을 명확하게 밝혀야 한다'와 '남은 돈이 있으면 다시 돌려주어야 한다'는 의견이 나왔다.

"사실 우리 반에 이런 일이 일어났어요. 교생선생님 선물 구입을 위해 만 원씩의 돈을 걷었고, 그 돈 중 일부는 교생선생님의 선물을 샀대요. 그렇게 하고도 돈이 남게 되자 각자 고르고 싶은 물건을 고르게 했대요. 물론 이 과정에서 선물을 고르지 않은 사람도 있구요.

그리고 마지막은 돈이 얼마가 남았는지 아무도 모르고 있어요. 여러분이 회의에서 나온 의견처럼 돈이 어떻게 사용되었는지 밝히지도 않았고 남은 돈을 돌려주지도 않았어요. 그래서 선생님은 이 일을 처음으로 돌리고 싶어요. 자, 남아 있는 돈은 다 가지고 나오세요, 그리고 구입한 물건 모두도요."

다행히도 물건은 아직 새것으로 모두 가지고 있었다. 남은 돈도 돌려받은 다음, 학생들이 물건을 구입한 가게에 전화를 걸었다. 상황을 자세히 설명했고 아이들의 교육을 위해 물건을 다시 돈으로 돌려주실 수 있냐는 질문에 흔쾌히 사장님은 그렇게 하겠다고 약속을 해 주셨다. 물론 물건과 돈을 바꾸어 오는 일은 자식을 올바르게 키우는 일이라는 이야기에 짱이의 엄마가 담당해 주셨다.

방과 후에 교생선생님 선물 구입에 참여한 사람들을 모두 남게 했다. 그리고 짱이 엄마가 바꾸어 온 물건값과 남아 있는 돈을 더해 처음 돈과 같은지 확인하도록 하였다. 처음에 걷은 돈과는 조금의 차이가 있었지만 미리 준비한 봉투 10장 안에 처음 친구들에게서 받았던 돈 만 원씩을 넣어 돌려주며 꼭 부모님께 돌려 드리라고 했다. 봉투의 겉면에는 이렇게 적었다.

'처음에는 좋은 의도로 시작한 일이지만 교육적이지 않다고 판단되어 다시 돌려 드립니다. 아직 학생들이라 돈을 벌지 않기 때문에 교생선생님에게는 마음이 듬뿍 담긴 편지 선물이 좋을 것 같습니다.'

언제나 그렇듯이 정의가 살아 있다면 학급 안의 질서는 바로 서게

171

된다. 우리 반 짱이가 『우리들의 일그러진 영웅』에 등장하는 '엄석대'가 되는 것은 최소한 막고 싶었던 것이 나의 마음이었다. 차이가 난 돈은 짱이에게 추후에 용돈이 생겼을 때 선생님에게 갚도록 했다. 현우의 엄마가 제공해 준 짱이와 관련한 두 가지 일을 해결하면서 학부모와의 관계란 어쩌면 솔직하게 털어놓을 수 있는 사이가 된다면 이런 난감한 문제 해결에도 많은 도움을 받을 수 있다고 생각한다.

함께하고픈
교사가 된다는 것

〰

　겨울인데도 푸른 인조 잔디가 예쁜 학교 건물과 잘 어울리는 시골 학교이다. 도시권에서 근무하다가 7년 만에 오게 된 시골의 작은 학교 첫인상은 설렘과 두려움을 안겨 주었다. 2층 교무실로 들어서니 마음 좋아 보이시는 교감선생님께서 반갑게 맞아 주셨다. 다소 상기된 나의 얼굴을 보시더니 새로 맡게 될 학년에 대한 말씀을 천천히 꺼내셨다.

　"선생님, 올해 업무도 많을 것 같고 해서 2학년을 맡아 주셨으면 해요. 수업이 좀 일찍 끝나니까 오후에는 업무 볼 시간이 있을 거예요. 지난해에도 2학년을 하셨으니 교육과정 운영이 수월하실 것 같네요."

　여러 가지로 고민을 많이 하신 듯한 표정이셨다. 새로 온 학교에서는 원하는 업무와 학년을 한다는 것이 어쩌면 과한 욕심일 수 있다는 생각이 들었다. 지금까지 교직생활을 하면서 으레 전입한 학교에서는 다른 사람들이 기피하는 업무나 학년을 맡는 것이 관례처럼 이어지는 풍토이다. 왜냐하면 먼저 전입한 교사들도 비슷한 경험을 했기 때문에 전입 학교에서의 관문 같은 것이다.

"네, 교감선생님. 여러 가지로 고려해 주셨을 것이라고 봅니다. 맡은 업무와 학년에 서툴 수 있어서 많은 도움 부탁 드립니다!"

이미 예상했던 부분도 있었기에 흔쾌히 대답을 하였다. 교감선생님께서는 전입 교사들에게 학교 곳곳을 순회하면서 자세하게 설명해 주셨다. 도시에서 동학년이 많은 곳에서 근무하다가 한 학년에 한 학급만 있다고 생각하니 부담도 되었지만 내 나름의 교육관으로 학급을 이끌 수 있다는 기대감도 생겼다. 지난해 맡았던 학년을 맡게 된 것이 은근히 자신감을 갖게 하였다. 맡은 학년의 교육과정을 이미 알고 있다는 것은 교사에게 큰 자산과 같은 것이기 때문이다.

'아, 재미있을 것 같은데!'

하지만 이러한 자만심은 그리 오래가지 않았다. 학급 명단 파일을 여는 순간 아차 싶은 생각이 들었다.

남자 14명, 여자 4명!

지금까지 경험해 보지 못했던 남녀성비였다. 학급 분위기가 어떨지 안 보고도 알 것 같았다. 활동적이고 의욕 넘치는 데다 호기심 가득한 2학년 어린이들. 그 특성이 왕성한 남자 아이들이 14명이라니. 학급 분위기가 차분함과는 거리가 멀겠구나 싶었다.

3월 첫날, 바로 우리 반의 분위기를 알게 되는 일이 아침 조회 시간에 발생하였다. 입학식을 위해서 반 아이들 줄을 세우고 사회를 보기 위해서 단상 옆으로 이동하자, 남자아이 1명이 슬슬 줄을 이탈하기 시작하였다. 그러더니 바닥에 떨어진 것도 없는데 연신 바닥을 실내화로 비비고 앞에 친구에게 장난을 친다. 앞에 선 아이는 하지 말라고 소리를 지르니 이내 서로 옥신각신 일촉즉발의 상황이다. 얼른 아이들에게로 가서 하지 말라고 타이르니 먼저 시비를 건 아이가 더 큰 소리로 "저는 잘못한 게 없는대요!"라며 눈을 동그랗게 뜨고 말한다.

'요 녀석 보통 아니구나!'

"좀 이따가 교실에 가서 얘기합시다!"라고 말하고 돌아서니 "치, 나만 미워해!"라며, 내 뒤통수에 내뱉듯이 말한다. 천사같이 귀여운 얼굴에서 나온 말이라고 하기에는 가시가 맺혀 있다.

학기 초 교사와 아이들은 눈에 보이지 않는 '기싸움'을 한다. 소위 말하는 학급 질서 유지를 위한 규칙 지키기를 습관화시키는 과정이다. 3월 한 달간은 이러한 기싸움으로 교사들은 바짝 긴장한다. 이 속에 또 다른 제3자가 있으니 바로 학부모다. 새로운 담임에 대한 궁금증으로 학부모 또한 교사와 '기싸움'을 한다. 때로는 교사를 떠보는 듯한 신호를 보내기도 한다.

올망졸망 귀엽기만 할 것 같은 2학년들은 1학년 때와는 다르게 제법 학교생활도 이해하고 1학년 동생들에게 선배 노릇도 하려고 한다. 더구나 담임선생님에 대한 애착심과 인정 욕구가 강해지는 시기이기도 하다. 그러한 중에 유독 조용한 한 남자아이가 있었다.

천방지축인 다른 아이들에 비해서 내성적인 모습의 그 아이는 말수도 적고 수업 시간에 표현도 잘 하지 않았다. 잠시 교실을 비우면 야생마처럼 뛰어다니는 아이들 틈에서 묵묵히 책을 읽던 아이! 딱 봐도 '모범생'임이 얼굴에 드러났다. 그런데 예상치 못한 일은 '학부모총회'날 나의 일상에 슬그머니 찾아왔다. 늘 조용하던 그 남자아이의 어머니가 우리 반 학부모회장이 되었다.

학부모총회가 끝나고 잠시 나에게 상담할 것이 있다고 하신 어머니는 "제 아이가 학교생활을 힘들어해요."라며 말씀을 꺼내셨다.

다른 아이들이라면 그럴 수도 있겠다 싶었지만

'왜, 민혁이가 힘들어하지. 늘 괜찮아 보였는데.'

평소 민혁이의 모습에서 힘든 내색을 못 본 게 이상할 정도였다.

"어머니, 민혁이가 무엇 때문에 힘들어하나요?"

그러자 어머니는 조심스런 눈빛으로

"선생님께서 다른 아이들만 좋아한다고 하네요."

그 말에 나는 당황했다. 내가 제일 의젓하고 대견하다고 느꼈던 아이가 실은 나에 대해 실망하고 그 마음을 담임에게 표현하지 못하고 있었다는 것이 아닌가. 아무런 문제가 없을 거라고만 여기고 조용했던 아이에게 먼저 다가가 얘기한 적이 없었다. 간혹 아이 옆을 지나칠 때면 의젓하게 앉아 있는 모습이 흐뭇해서 한 번 더 쳐다본 게 다였다. 말썽꾸러기들한테 정신이 팔려 있던 담임에게 무관심이라는 벌을 받고 있었던 셈이다.

하마터면 '아차' 하는 소리가 입으로 나올 뻔했다. 두 달 가까이 민혁이와 눈 맞추며 이야기를 해 본 적이 없었다. 이러고도 담임이라고 할 수 있나 하는 스스로에 대한 한심한 생각과 자괴감이 밀려왔다. 그런 내 마음이 드러났는지 어머니께서 먼저 이렇게 말씀하셨다.

"선생님, 민혁이에게 하루에 한마디라도 관심을 표현해 주시면 좋을 것 같아요. 워낙 내성적인 아이라서 선생님께 먼저 말을 걸기가 어려운가 봐요."

어머니의 간절한 부탁의 말씀에

"네, 어머니! 제가 잘못한 것 같아요. 늘 조용하게 책을 보는 민혁이가 기특하다고 생각만 하고 칭찬 한번 제대로 못 해 주었어요. 내일부터 꼭 관심 있게 지켜볼게요! 그동안 많이 속상하셨을 텐데, 미리 말씀해 주시지요. 제가 너무 죄송하네요."

다음 날 민혁이가 교실 문을 열고 들어와 늘 하던 대로 자기 자리에 앉아서 책을 꺼내 들었다. 이때다 싶어서 민혁이 곁으로 다가가 "민혁아, 오늘 기분은 어때?"라고 살며시 말을 건넸다.

그러자 아이는 얼굴이 상기되어 "괜찮아요."라고 작은 목소리로 대답하였다.

"응, 그렇구나! 책을 좋아하나 보구나! 책 읽는 모습이 참 멋지네!" 하며 웃었다. 아이는 더 얼굴이 상기되어 귀까지 빨개졌다.

그렇게 며칠 동안 아이에게 먼저 말 걸기를 하던 어느 날이었다. 다른 아이들은 모두 집에 가는데 그 아이가 계속 내 눈치를 보면서 갈 생각을 하지 않는다. 어디 아픈지, 아니면 혹시 또 내가 한 말에 맘 상한 건 아닌지 걱정되어 "민혁아, 왜 집에 안 가니? 무슨 일 있어?" 하고 물었다. 그러자 이렇게 대답하는 것이 아닌가!

"선생님, 책상 청소해 주고 가려고요."

아이의 말에 적잖이 놀랐지만 이내 그 마음이 고마워서

"응, 고마워! 그런데 집에 늦으면 어머니께서 걱정하실지 모르니까, 선생님이 전화 드릴게!"

그러면서 전화기를 드니

"엄마한테는 아침에 말하고 왔어요. 선생님 책상 청소해 주고 온다고요."

나는 이 아이가 이렇게 말을 길게 하는 것에도 놀랐지만 아침부터 담임의 책상 청소를 해 주려고 설레었을 그 마음을 생각하니 콧등이 시큰해졌다.

"민혁아, 네가 선생님보다 낫구나! 그래, 청소 부탁해, 고마워!"

아이는 내 말이 떨어지기 무섭게 빗자루와 쓰레받기를 가지고 와서 내 책상 주변을 참으로 꼼꼼하게 청소해 주었다. 그렇게 먼지가 많았나 싶을 정도로 쓰레받기에 먼지가 수북했다. 책상 밑까지 손을 뻗어서 알뜰히 먼지를 모았다. 아이 이마에 송글송글 맺힌 땀방울이 또르르 흘렀다.

"선생님, 내일도 또 해 드릴게요!"

그 말에 나는 아이의 등을 토닥거리며

"민혁아, 정말 고마워! 덕분에 선생님 책상이 아주 깨끗해졌네, 하지만 매일 그렇게 안 해도 된단다."

나의 그 말에도 아이는 하루도 빠짐없이 내 책상을 청소해 주었고 그 해를 보내게 되었다. 개인 사정으로 다음 해 나는 다른 학교로 전근을 가게 되었고, 어김없이 정신없는 3월을 보내고 있던 중에 출근 후 수업을 준비하고 있던 아침, 민혁이 어머니에게서 전화가 왔다. 혹시 민혁이에게 무슨 일이라도 생겨서 그런가 하는 걱정에 얼른 전화를 받았다.

"선생님, 잘 지내시지요?"

어머니의 걱정스런 목소리는 나를 더욱 긴장하게 만들었다.

"네, 저는 학교를 옮겨서 정신없이 지내고 있어요. 무슨 일이라도 있으세요?"

정말 무슨 일이 생겼나 싶었다.

"아니요, 선생님, 무슨 일은 아니지만, 민혁이가 학교 가기 싫다고 떼를 써요. 선생님이 너무 보고 싶대요. 새로운 선생님은 무섭고 화만 내서 학교 가기 싫다고 하네요. 선생님, 민혁이에게 학교 가라고 얘기 좀 해 주세요."

한편으로 가슴이 찡하고 무슨 말을 해야 할지 막연해서 잠시 머릿속이 하얗게 되었다.

"네, 어머니, 민혁이 좀 바꿔 주세요."

전화기를 건네는 듯한 소리가 나자

"민혁아, 선생님이야, 잘 지내지?"

전화기 속에서 민혁이의 훌쩍거리는 소리가 들린다.

"민혁아, 선생님도 민혁이가 많이 보고 싶단다. 하지만 지금은 만날 수가 없고, 새로운 학년이 되었으니까 학교 가서 즐겁게 생활해야지."

좀 더 위로되는 말을 해 주고 싶었지만 당시 내가 했던 말은 고작 잘 지내라는 뻔한 얘기였다. 다시 어머니가 전화를 받았다.

"선생님, 우리 민혁이랑 가끔 통화 좀 해 주세요. 그러면 학교에 적응을 잘할 거 같아요."

그 후로도 민혁이 어머니를 통한 민혁이와의 통화는 여러 날 계속되었고, 2학기에 접어들자 민혁이의 전화도 뜸해지기 시작했다. '이제 잘 지내고 있나 보네.' 하면서 지내다가도 문득 생각날 때면 내가 먼저 전화해서 민혁이의 안부를 물었다.

2학년에 만났던 민혁이가 6학년이 되었을 때, 민혁이 어머니께 전화가 또 왔다.

"선생님, 민혁이가 선생님 계신 학교에 전학 가고 싶다고 하네요. 한 번 찾아뵈어도 될까요? 민혁이는 선생님이 제일 좋대요."

다음 날 민혁이와 민혁이 어머니는 내가 근무하는 학교로 찾아왔다. 이젠 나보다 훨씬 키도 크고 제법 어른스런 티가 났다. 여전히 조용한 듯 상기된 얼굴은 4년 전 그 모습 그대로인 듯하여 미소가 지어졌다. 학교 여기저기를 구경시켜 주고 책을 좋아하던 민혁이는 도서관에서 책을 읽겠다고 하여 민혁이 어머니와 차 한잔을 했다.

"선생님, 저는 선생님 같은 분을 만나서 참 행운이라고 생각해요. 민혁이가 선생님이 제일 좋대요. 초등학교 졸업하기 전에 선생님과 한 번 더 공부하면 좋을 것 같아요."

어머니의 따뜻한 눈빛과 조금은 떨리는 듯한 목소리에서 진심을 느낄 수 있었다.

"어머니, 그렇게 생각해 주셔서 정말 감사합니다. 제가 부족한데, 사실 제가 민혁이 덕분에 **학교에서 행복한 시간을 보낼 수 있었어요. 댁에서 이 학교까지는 50분 가까이 걸리고 통학버스도 없어서 다니시기에 쉽지 않을 거예요. 어머니께서 왕복 2시간 가까이 매일 움직이셔야 하는데 신중하게 생각해 보세요. 더군다나 학구 위반이 될 수도 있어요."

나의 실질적인 이야기를 들으시던 어머니는

"저도 이미 알고 있어요. 하지만 민혁이를 위해서 저와 민혁이가 이 근처에 집을 구해서 지낼 생각도 했어요. 남편은 직장 때문에 이사할 수가 없거든요."

그렇게 1시간 넘은 이야기를 나누고 민혁이 어머니와 민혁이가 돌아갔다. 두 사람이 사라질 때까지 나는 한참을 바라보았다.

며칠 후 민혁이 어머니는 우리 학교 근처에 세라도 얻을 집을 알아보았으나 시골이라서 집을 구할 수가 없다는 말과 함께 매일 왕복 2시간씩 운전해 오기에 길이 험해서 아무래도 전학이 어려울 것 같다고 연락을 주셨다. 아쉬움 가득한 민혁이 어머니와의 통화가 아직도 먹먹하게 남는다.

얼마 전 통화에서 민혁이가 중학생이 되면 큰 도시로 나갈 생각을 하고 있다는 이야기를 하셨다. 그리고 이렇게 아이에 대해 연락하고 함께 고민할 수 있는 선생님이 있어서 감사하다는 말씀을 또 하셨다. 교사로서 걸어왔던 길에 미숙한 내 모습으로 인해 스스로 움츠러

들고 주눅 들었던 순간순간들도 있었지만, 이렇게 나를 기억해 주고 함께하고 싶어 하는 사람들이 있다는 것에 말로 표현하기 어려운 벅찬 감정이 올라온다.

반가운 문자,
그리운 제자,
위대한 어머니

4월 20일은 장애인의 날이다. 매년 4월 20일이 되면 나는 아이들에게 장애이해교육을 하면서 소개하는 친구가 있다. 바로 몇 년 전 우리 반 아이였던 건우다.

2011년, 6학년 담임을 하면서 건우를 만났다. 당시 학교에서는 건우를 모르는 사람이 없었다. 녀석이 학교에서 꽤 유명한(?) 사고뭉치라서가 아니다. 건우는 뇌병변장애를 가지고 있었고 보행에 어려움이 있어 휠체어를 타고 다녔다. 아무래도 학교에서 휠체어를 타고 다니는 아이를 보는 것이 흔치 않았기에 건우는 '휠체어 타는 아이'로 학교 유명 인사였다.

처음 건우가 우리 반이 되었을 때 걱정이 앞섰다. 모두가 그런 것은 아니지만 장애를 가진 아이들이 친구들에게 놀림을 받거나 괴롭힘을 당하는 일이 종종 발생하기 때문이다.

너무나 다행스럽고 감사하게도 같은 반 친구들은 물론이고 다른 학년 아이들도 건우의 모습을 늘 익숙하게 보았고 함께 지내 왔던 친구이기에 건우를 이상하게 쳐다보거나 하지 않았다. 외려 우리 반 아이들은 건우의 휠체어를 자신이 밀어 주겠다며 서로 앞다투어 나서기도 했었다. (물론 건우는 스스로 휠체어를 조절하여 움직일 수 있었지만 가끔은 다른 사람의 도움이 필요하기도 했다.) 아이들도 건우를 도와주면서 뿌듯해하는 것 같았다. 마치 어려움에 처한 친구나 이웃은 도와주어야 한다고 배웠던 바른 생활 교과서처럼 말이다.

건우는 표정이 참 맑고 밝았다. 특히 아이들과 함께 놀면서 웃는 모습은 보는 사람도 기분 좋게 했다. 아이들과 스스럼없이 잘 지내는 모습을 보면서 우리 반 장애이해교육과 통합교육은 저절로 이루어졌다.

5월 학부모 공개수업이 다가왔다. 공개수업이 다가올수록 고민이 많아졌다. 건우는 보행에 어려움도 있었지만 말할 때 발음이 정확하지 않아 가끔은 나도 건우의 말을 이해하는 데 한참이 걸리기도 했다. 그래서 읽기나 글쓰기 등 국어 수업은 어려울 것 같았고 건우가 수학은 어려워했던 과목이라 하고 싶지 않았다. 나는 건우와 우리 반 아이들과 함께 어울릴 수 있는 즐거운 수업을 만들고자 했다.

며칠간의 고민 끝에 나는 음악 수업을 하기로 했다. 몸을 타악기로 이용하는 몸타 만들기를 하기로 했다. '위대한 몸타'를 주제로 (당시 TV 프로그램 중 '위대한 탄생'이라는 경연프로그램이 한창 인기 있었다.) 6명씩 한 모둠이 되어 '우리들의 몸타 만들기'를 연습하고 학부모 공개수업에 발표하기로 하였다. 같은 모둠이 된 아이들은 삼삼오오 모여 리듬과 동선을 짜며 자신들의 몸타를 만들기 시작했다. 건우와 한 모둠이 된 아이들도 서로 머리를 맞대고 의견도 내어 가며 열심히 몸타를 만들었다. 친구들은 휠체어를 타고 있는 건우를 배려하여 발 구르기, 손뼉 치기를 하면서 건우 주위를 빙빙 돌거나 건우에게 가까이 다가가 원을 만들거나 멀어지는 다양한 움직임을 만들어 냈다. 건우도 휠체어에 앉아 아이들과 함께 리듬에 맞춰 손뼉 치기도 하고 손을 위로 올리며 열심히 연습에 임했다.

그리고 학부모 공개수업 당일 여러 학부모님들 앞에서 아이들은 그동안 꾸준히 연습했던 결과물을 당당히 발표하였다. 수업이 끝나고 학부모님들께서 적어 주신 소감문을 읽어 보았다. 그중 건우 어머니께서 적어 주신 글이 눈에 띄었다.

"선생님, 정말 감사합니다. 우리 건우가 이렇게 즐겁게 수업에 참여하는 모습에 정말 감동받았습니다. 건우가 즐겁게 학교 다닐 수 있어서 정말정말 감사 드립니다."

6월 수학여행을 앞두고 참가신청서를 아이들에게 나눠 주었다. 특수반 선생님께 미리 들은 정보로는 5학년 때까지 건우는 한 번도 현장 체험학습이나 수련회 등을 가지 않았다고 하셨다. 항상 그때마다 개인적으로 현장 체험학습을 신청했다고 했다. 아마도 예상컨대 어머니께서 건우가 현장 체험학습에 따라가는 것이 어려울 것이라는 판단에서였는지 모른다.

나는 6학년의 꽃이라고 할 수 있는 수학여행은 꼭 건우와 함께 가고 싶었다. 그래서 하교 시각에 건우를 데리러 오신 건우 어머니께 먼저 이야기를 꺼냈다.

"어머니, 잠시 저 좀 뵙고 가실 수 있나요?"

"네, 선생님. 건우에게 무슨 일 있나요?"

어머니는 담임의 갑작스러운 면담 요청에 당황하신 듯했다.

"오늘 수학여행 참가신청서 안내장을 배부했어요. 건우도 꼭 신청하시라고요."

"네? 수학여행이요?"

"네, 어머니! 건우가 한 번도 학교에서 가는 현장 체험학습을 가 본 적이 없다고 들었어요. 이번 수학여행은 건우가 꼭 같이 갔으면 좋겠어요."

"건우가 가면 선생님께서 많이 힘드실 텐데요."

어머니는 담임인 내가 힘들까 봐, 다른 아이들에게 누가 되진 않을까 걱정하시는 것 같았다.

"아니에요. 건우가 가면 특수보조 선생님도 함께 가실 예정이고 다른 선생님들도 많이 도와주실 거예요. 무엇보다도 당연히 건우도 우리 반이니 함께 가야지요. 꼭 신청해 주세요."

어머니는 저녁에 건우랑 이야기 나눠 보신 후 신청서를 보내시겠다고 말씀하시곤 건우를 데리고 집으로 가셨다.

다음 날, 건우는 참가 희망에 동그라미가 그려진 신청서를 가져왔다. 그리고 건우는 아주 귀엽게도 나에게 이렇게 물었다.

"선생님, 수학여행은 수학을 공부하러 가는 여행인가요?"

이렇게 해서 건우를 포함한 우리 반 서른 명의 아이들과 나, 그리고 특수보조 선생님과 함께 경주로 수학여행을 떠났다. 물론 2박 3일 동안 불국사, 석굴암 등을 다니며 오르막 내리막 길에서 휠체어를 끄는 것은 쉬운 일이 아니었다. 하지만 함께 가신 특수보조 선생님뿐만 아니라 주무관님, 교장선생님까지 도움을 주셨고, 버스 기사님도 친절하게 휠체어를 올리고 내려 주셨다. 덕분에 건우는 정말 즐거워하며 무사히 수학여행을 다녀왔다. 건우 어머니는 건우에게 정말 초등학교에서 평생 잊을 수 없는 좋은 체험과 추억을 선물해 주셔서 정말 감사하다고 몇 번이고 인사를 하셨다. 나는 오히려 건우와 함께할 수 있어서 너무 고마웠고 아프지 않고 무사히 다녀와서 감사함을 느꼈다.

졸업을 앞두고 12월쯤 나는 한 가지 더 특별한 추억을 만들고자 했다. 건우와 친한 친구들 여럿이서 방과 후 영화도 보고 저녁 식사를 함께하자고 약속을 잡았다. 건우 어머니께 허락을 받고 퇴근 시간에 아이들과 내 차로 같이 이동하기로 했다. 건우 어머니께서는 걱정하시면서도 잘 다녀오시라고 당부하셨다.

아이들을 먼저 뒷좌석에 앉히고 휠체어를 트렁크에 실으려고 했는데 맙소사! 휠체어가 너무 커서 트렁크에 들어가지 않았다. 아이들이랑 낑낑대며 넣어 보아도 쉽지 않았다. 그때까지 나는 휠체어가 그렇게 크고 무거운지 몰랐다. 그렇게 무거운 휠체어를 건우 어머니는 매일같이 비가 오나 눈이 오나 건우를 데리고 등하교를 시키셨던 것이다. 매일 아침 건우 어머니는 차에서 휠체어를 꺼내고 건우를 앉히고 교실까지 이동시켜 주시는 그 흔한 풍경이 이렇게 힘든 건지 새삼 느끼게 되었던 것이다.

할 수 없이 휠체어를 앞좌석에 겨우 넣고 아이들을 태우고 영화를 보러 갔다. 영화관에 가서도 난관은 계속되었다. 다시 그 무거운 휠체어를 꺼내고 티켓을 사고 1인 팝콘 하나에 콜라까지 시켰다. 그런데 상영관까지는 계단이 너무 많았고 모두 팝콘과 콜라까지 들고 있으니 건우를 도와줄 손이 없었다. 건우에게 입구에서 기다리게 하고 우리는 얼른 들어가 의자에 콜라와 팝콘을 두고 나와 건우를 도와줄 수 있었다. 건우도 이러한 상황이 웃긴 건지 우리가 함께 볼 영화가 기대되는지 기분 좋게 기다려 주었다. 그렇게 우여곡절 데이트를 즐겼다.

나에게는 그날 하루 동안의 일이 잠깐 동안의 해프닝으로 추억으로 남았지만 어찌 보면 건우 어머니에게는 매일 일상일 텐데….

건우 어머니의 수고로움과 위대함을 새삼스럽게 느낀 날이었다. 그러한 어머니의 노력이 있기에 건우의 미소가 그렇게 밝고 환했나 보다.

몇 년 전, 정말 오랜만에 건우 어머니로부터 문자를 받았다. 벌써 고등학생이 되는 건우의 소식을 전하며 그때 정말 감사했다고 건강하시라고 보내 주신 어머니의 문자가 얼마나 반갑던지…. 오랜만에 2011년 학급 사진을 찾아보게 되는 날이었다.

이제는 스무 살이 넘었을 건우는 어떻게 지내는지, 건우의 환한 미소가 그리운 날이다.

4장

무엇이 학생과 학부모를
신뢰하게 만드는가?

〈제4장〉에서는 무엇이 학생과 학부모를 신뢰하게 만드는가? 라는 주제로 이야기를 해 보려고 합니다. 교사로서 노력을 하지 않는 사람은 아무도 없을 거라고 생각합니다. 그 노력을 학생과 학부모가 잘 알아주면 얼마나 좋을까요? 하지만 너무 성급하게 생각하지 마십시오. '敎育百年之大計'라고 했듯이 선생님의 노력이 금방 나타나지 않는다고 하여 실망을 하실 일은 아니라고 봅니다. 선생님의 교육 철학을 가지고 진정으로 학생들에게 필요한 것이 무엇인가에 대해 고민하고 학생들 한 명 한 명의 모습이 교사의 눈 안으로 들어왔을 때 어쩌면 그 순간 학생과 학부모는 교사를 신뢰하게 될 것이라고 생각합니다.

학부모는 오랜 교육기간 동안 내 자녀가 언제 변화했는지를 잘 안다고 합니다. 그것은 엄청 크거나 대단한 일은 아니라고 생각합니다. 학생과 학부모는 여러 번 선생님에게 신호를 보낸다고 합니다. 그들의 요구를 잘 들으면서 작은 것에서부터 선생님이 가지신 교육 철학을 실천하다 보면 어느 날 아주 자연스럽게 신뢰는 형성될 것이라고 봅니다. 학생들을 잘 이해하려고 할 때, 학생들을 잘 가르치려고 노력할 때, 학생의 아픔을 함께 나누려고 노력할 때 우리는 '신뢰'라는 결과물을 얻게 되지 않을까요?

학생의 마음을
헤아릴 줄 아는 교사

"선생님, 우리 애가 울면서 전화하길래 책가방 챙겨 무조건 집에 오라고 했습니다."

화가 난 목소리에서 속상함이 묻어 전화기 너머로 느껴진다.

'무슨 일이지?'

점심시간 아이들의 급식을 지도하고 교실로 돌아와 보니 몇몇 학생들이 나에게로 무슨 큰일이라도 난 듯이 뛰어왔다.

"선생님, 한별이가 울면서 집에 갔어요."

얼른 오늘 무슨 일이 있었을까 하루를 되새겨 보았다. 국어, 수학, 미술 시간이 끝나고 급식실에 줄을 세우고 학생들과 밥을 먹고 식판 확인하고 교실로 왔는데 아무리 생각해 봐도 잘 몰라 아이들에게 무슨 일인지 대충 물었더니 아이들의 정리되지 않는 말들로 인해 오히려 머릿속이 복잡해진다. 점심시간이 끝나기 전에 이 모든 상황을 해결하고 싶어 한별이 어머니에게 전화를 걸었지만 내 바람과는 달리 오랜 시간이 걸리는 사건이 되고 말았다.

"선생님 무슨 일이 있었는지 알고 있었나요? 미술 시간에 있었던 일이라고 하던데요."

"네. 저는 어떤 상황인지 잘 모르겠습니다. 한별이가 어머니에게 무슨 일인지 말한 대로 저에게 설명을 해 주시면 좋겠네요. 저도 다른 아이들에게 확인을 해 보고 자세한 건 다시 연락을 드리겠습니다. 그런데 다툼의 소리나 큰 소리가 나면 알았을 텐데 미처 알지 못했습니다."

"미술 시간에 두현이가 한별이 옆으로 와서 수업 방해를 하고 책가방을 함부로 열어 핸드폰과 물건을 만지고 심지어 가져가서 주지 않았다고 합니다. 달라고 싫다고 하는데도 끝까지 돌려주지 않았다고 합니다. 그리고 싫다고 하니 때리기까지 했다고 합니다."

"그런 일이 있었군요. 한별이가 많이 힘들었겠군요. 마침 미술 시간이라 학생들이 어려워하는 부분을 개인별로 지도하고 있어서 그런 일이 있었는데도 몰랐다니 죄송합니다."

"저도 이해합니다. 선생님께서 30명의 학생들에게 관심을 가져 주시는 것 다 알고 있습니다. 하지만 우리 애가 이렇게 집에 오니 너무 속상하네요."

이런 문제 상황이 한두 번이 아니었나 보다! 한별이 어머니께서는 일일이 이야기를 하는 것이 어려웠으리라 내심 이해는 가지만, 한별이 어머니께서는 이미 두현이가 한별이를 힘들게 한 것들에 대해서 한별이와 이야기한 것에 대한 자세한 내용을 정리해서 가지고 있다고 말씀하셨다.

"한별이가 수업 시간에 하도 울어서 책이 다 젖었다고 해요. 선생님 알고 있었나요? 교실 안에서 그런 일이 있었는데도 모르셨다니, 우리 애를 어떻게 믿고 학교를 보내겠습니까? 지난번에 상담할 때에도 우리 애가 두현이로 인해 힘들어한다고 말씀드렸는데요. 그리고 지금까지 몇 번이나 두현이와 우리 애가 부딪쳤었는데 그때 선생님께서는 우리 아이의 마음을 진심으로 다독거리고 헤아리려고 하셨습니까? 선생님께 자세하게 말씀을 드리지 않았지만 한별이가 두현에게 괴롭힘을 당해 밤에 잠도 설치고, 학교에 가는 것조차 힘들어했는데 선생님께서는 둘이 문제가 생기면 한별이에게 너가 이해심이 많으니 이해를 하라고 하시기만 하고, 같은 나이의 학생끼리 한 사람에게만 너무 희생하라고 하신 것 아닙니까! 이제 선생님을 믿지 못하겠습니다. 일단 제가 한별이의 마음이 안정될 때까지 집에 데리고 있겠습니다. 그리고 다시 연락을 드리겠습니다."

하늘이 무너져 내린 듯 나는, 어떻게 해야 할지 몰라 한동안 가만히 있었다. 얼른 오늘의 수업이 끝나기를 기다렸다.

두현이와 주변의 몇 명의 학생들을 불러서 무슨 일이 있었는지 확인을 하였다. 두현이는 상황을 설명하는 여자아이들이 모두 한별이와 친한 애들이라며 그리고 걔들이 거짓말하는 거라며 억울해하기까지 하였다. 그래서 두현이와 친하다고 생각되는 아이들을 불러 이야기를 들어 보았다.

문제 상황이 일어나면 관련 있는 학생들 모두 다 불러 상황의 처음부터 끝까지를 퍼즐 맞추듯이 정리를 해야 하는 이러한 일은 나에게는 정말 어려운 일이다. 이 학생들 모두 내 울타리 안에 있는 내 학생이고 다소 우유부단한 교사로 보일지 모르겠지만 무엇보다도 나는 이 모든 학생들이 말하는 것들을 편견 없이 다 믿어 주고 싶다. 학교에서 학생들 사이에 일어나는 문제 상황은 학생들 스스로 해결할 수 있는 힘이 있으며 부모님의 간섭 없이도 원만하게 해결할 수 있을 거라 믿고 그렇게 해 왔다.

그런데 학교폭력이라는 단어가 학교에 들어오고 학생들이 학교폭력 예방교육을 받고 나서는 학생들의 사소한 다툼에도 교사가 학교폭력이라는 단어를 염두에 두고 학생들을 지도해야 하는 실정이다. 또한 양쪽 중 어느 편에 서서 학생을 지도해야 할지 망설이게 된다는 사실이 답답하기까지 하다. 오늘의 이 일 또한 학교폭력이라는 상황까지 갈 수 있다고 생각하니 점점 조심스러워진다. 물론 오늘의 이 문제 상황의 요지는 한별이의 감정이 다치고 아플 때까지 교사가 몰랐다는 것이다.

한별이는 수업 시간에 입댈 곳 하나도 없는 모범적인 어린이이다. 선생님이 수업하는 40분 내내 한눈도 팔지 않고 오로지 선생님 입만 쳐다보고 과제도 성실히 하며 심지어 친구들이 서로 같은 모둠원이 되기를 바라는 그야말로 교사들의 '워너비' 학생이다. 또한 한별이는 불편한 감정은 속으로 삼키고 즐겁고 긍정적인 감정만 밖으로 표현하는 학생이었으며, 친구들의 행동도 너그러운 마음으로 받아 주는 그런 학생. 그래서 정말 교사인 나는 한별이의 마음이 그토록 힘들고 정신적으로 스트레스를 받았는지 몰랐다. 나는 선입견 없는 교사가 되기 위해 오히려 문제 상황을 만드는 학생에게 더 관대하고 그 학생들의 마음이 닫히지 않을까 관심을 가져 왔는데 그것이 반대로는 괴롭힘을 당해 힘들어하는 학생들에게는 무심한 교사였다고 생각하니 내가 한심스러워진다. 두현이가 한별이를 좋아하는 마음만을 헤아려 준 채 두현이의 행동만을 정당화시키고 한별이의 불편한 마음을 무시했던 것이다. 시간을 되돌릴 수만 있다면 한별이에게 말로만 '괜찮니?'가 아니라 진심을 다해 한별이의 감정을 다치지 않도록 해 보살펴 주었을 것이다. 한별이의 부모 역시 그동안 두현이의 행동을 참을 수 있었던 것은 교사가 한별이를 도와주지 않을까 하는 기대감이었을 것이다. 그런데 사건이 일어나고 보니 선생님은 그 자리에 없고 학생 홀로 있었다는 실망감이었으리라.

"이 일을 학교폭력으로 처리하고 싶지 않습니다. 학폭 과정을 들어 보니 너무나 힘들고 어려워 보여서요. 한별이가 힘들어하는 것을 보고 싶지 않고, 자치위원회의 처리 결과라고 나오는 것을 보면 서면 사과나 성의 없는 사과로 그치는 경우가 많다고 알고 있습니다. 그래서 저는 두현이의 학부모님과 선생님과의 학생 상담을 요청하고, 저는 교장선생님, 담임선생님과 면담을 요청합니다."

그리고 이 문제가 해결될 때까지 학생을 학교에 보내지 않으시겠다고 하신다. 한별이를 위하는 한별이 어머니의 태도가 정말 존경스럽기까지 하다. 하지만 담임으로서는 그동안 안일하게 학교 생활해

온 교사로서의 삶을 되돌아 볼 수 있는 기회를 준 고마운 어머니라고 생각하기보다는 한별이 어머니께서 '왜 이렇게까지 하실까?'라는 생각이 들었다.

'표현되지 못한 감정을 다독여 주지 못한 것뿐인데.'

사실 처음 두현이로 인해 한별이가 힘들어한다고 관심 있게 봐 달라고 부탁했을 때부터 한별이의 일이라면 난 하던 일도 멈추고 한별이에게 무슨 일이 있었는지 꼬치꼬치 물어보는 예민한 교사였다.

"무슨 일인지 설명해 볼래?"라고 두 명을 불러서 상황을 들어 보고 정리하고 기록하고 확인 또 확인하고 서로 화해하는 것으로 마무리했다. 그런데 이 모든 일이 한별이의 입장에서는 그냥 선생님 혼자 북 치고 장구 치고 한 것처럼 보였나 보다. 한별이는 그저 알았다는 몸짓을 습관처럼 하고, 난 그 몸짓을 긍정의 몸짓으로 받아들였다.

한별이가 교사인 나에게 불편한 감정을 주고 싶지 않아 그저 동의하는 척했다는 것을 왜 몰랐을까! 한별이가 그동안 잠도 못 자고 신체적인 폭력과 폭언으로 힘들어했다니 너무 미안한 마음뿐이다.

한별이의 어머니께서 요청하신 대로 두현이의 부모님과 두현이의 상담 활동을 했고, 교장선생님과 한별이 어머니께서 이야기하는 것을 듣기도 하였다. 다행히도 두현이의 부모님께서는 두현이의 행동과 말에 대하여 관심을 가지고 적극적으로 지도하시겠다고 약속하시며 돌아가셨고, 한별이의 어머님과의 상담에서는 어머님께서 말씀하신, 한별이의 마음이 다치지 않도록 적극적으로 대처할 것을 약속해 달라고 하셨다. 그러면서 이 사건은 서류상으로는 마무리가 된 것처럼 보였지만 학부모와 교사와의 신뢰는 무너졌다.

우연히 〈어쩌다 어른〉에서 '송경이' 강사가 강의한 영상을 보다 난 머리를 한 대 맞은 것처럼 멍해졌다. 학교폭력을 당한 학생에게 배웠다는 사과 그것은 정말 나에게 충격이었다.

'사과는 주는 게 아니야, 받는 거야.'

그때 한별이의 어머니께서 어떤 심정으로 말씀하셨는지 마음으로 이해가 된 것이다. 한별이가 어떤 고통 속에 있었는지 모르면서 담임인 난 그저 일을 원만하게 해결하기 위해 한별이의 마음을 헤아리지 못한 채 한별이가 사과를 받을 마음이 있는지 없는지도 모르면서 사과를 받으라고 강요했던 것이다. 참된 교사로 살아간다는 것은 학생과 학부모의 마음속으로 걸어 들어가서 그 마음이 되어 보기를 끊임없이 실천해야 한다는 것을 다시 한번 느끼고 생각해 보았다. 어떤 사안에 대하여 쉽게 해결하려고 대답을 강요하기보다는 적극적으로 표현하지 못하는 학생들의 마음을 다시 한번 들여다보고 함께 이야기해 보면서 차분하게 관찰하는 것을 멈추지 않는 교사로 살아야겠다고 다시 한번 다짐해 본다. 한별이가 그때 상처받은 마음을 잘 추스르고 학교생활을 두려워하지 않으면서 잘 지내고 있는지 궁금하다.

특별한 아이에게는
특별한 맞춤식 교육을

고학년만 맡던 나는 결혼 후 기다리던 임신을 하고, 2학년을 맡게 되었다. 반별로 이러저러한 이유로 교사의 많은 관심과 노력이 필요한 아이들 옆에 별 표시가 되어 있었는데, 2개에서 3개가 있는 반도 있었다. 임신을 했다며 나에게는 별 표시가 1개 있는 반을 주셨고, 나는 그 아이를 만나게 되었다.

아이들을 만난 첫날, 모든 아이들이 자리에 앉아 있는데 유독 한 아이만 책상 위에 올라가서 움직이며 다른 아이들 책상 위를 밟고 다니는 게 보였다. 그 아이에게 손을 밟혀서 아파하는 아이부터 살펴 보건실에 보내고는 얼른 그 아이를 제지하며 자리에 앉도록 했는데, 이번에는 책상에서 내려와 바닥에 드러눕는 것이 아닌가.

그 아이에 대해 작년에 1학년을 하셨던 선생님께 물으니 그 아이를 맡고 너무 힘드셔서 작년 담임선생님이 명예퇴직을 신청하신 거라고 하셨다. 대체 어떤 아이기에….

예찬이는 등교할 때부터 다른 아이들과 달랐다. 등교하는 길에 같은 학교 형에게 욕설을 해서 맞거나 엄마에게 혼나서 화가 나는 날이면 학교에 가지 않겠다고 계속 횡단보도에 서 있어서 데리러 가야 했다. 간신히 달래서 교실에 앉히면 수업 시간에도 일어나서 가만히 앉아 있는 다른 친구를 때리고 욕설을 하기도 했다. 쉬는 시간에는 뛰어나가 혼자서 놀다가 교실로 오지 않아 아이들에게 활동을 안내하고 한참을 찾아보면 몰래 교문 밖으로 나가서 떡볶이를 사 먹고 있기도 했다.

급식 시간에는 본인이 먼저 먹어야 하는데 그게 아니라서 화가 난다고 급식소로 가는 길에 드러누웠다. 한참이나 실랑이를 해야 간신히 급식소로 데려올 수 있었다. 급식소에서는 음식으로 실내화를 닦거나 식탁 위를 닦고는 아이들이 보는 앞에서 입에 넣었다가 뱉기도 하는 등 하루에도 여러 사건을 만들어 담임인 나를 놀라게 하는 아이였다.

매일 아이들을 때리고 욕설을 하는 통에 그 일에 대해 사과하고 반성하는 시간으로 하루의 대부분을 보냈다. 화가 나면 친구들도 담임인 나도 예외 없이 예찬이의 폭력을 당할 수밖에 없었다. 심지어 내가 임신을 했다는 사실을 알고 난 뒤에는 화가 났을 때 배를 주먹으로 때려서 한동안 고생을 한 적도 있었다.

대체 예찬이는 왜 그런 행동을 하는 것일까?

우선 예찬이가 이러한 행동을 할 때마다 나는 예찬이의 어머님께 자세한 설명을 해 드렸다. 하지만 예찬이 어머님은 학교에서 일어나는 문제에 대해 모두 담임교사의 능력이 부족해서라고 말씀하시며 일일이 이런 일로 전화하지 말라고 화를 내셨다. 하지만 포기하지 않고 꾸준하게 상담을 이어 갔고, 그러한 과정에서 나는 예찬이가 왜 그러한 행동을 하는지 조금씩 이해를 할 수 있었다. 예찬이는 엄마의 우울증과 아빠의 가정폭력으로 인해 상처받은 마음을 문제행동으로 드러내고 있었던 것이었다. 학교 Wee클래스 상담선생님과의 상담 과정에서도 드러난 애정 결핍과 엄마의 무관심으로 인한 상처로 예찬이가 많이 힘들어했다고 하셨다. 예찬이 아버님은 예찬이가 잘못하면 아기였을 때부터 아이를 거꾸로 하여 두 발을 잡고 몽둥이로 온몸을 때리기도 하고, 술을 드시면 예찬이에게 욕설과 상처 되는 말을 해서 예찬이는 아버지를 많이 무서워했다.

예찬이의 상황에서는 어느 누구도 예찬이를 믿고 사랑해 주는 사람이 없던 것이다. 그래서 예찬이가 다른 친구나 형들과 문제가 생겨서 왔을 때 잘잘못을 따지기 전에 무조건 다친 곳은 없는지, 안아 주며 속상한 마음부터 말없이 달래 주었다.

여름에 운동장에서 조회를 설 때 너무 더워서 힘들다고 다른 친구들에게 흙을 뿌리거나 욕설을 하면 햇볕을 가려 주고 부채질을 하면서 마음을 다독여 주었다.

계속 예찬이에게 사랑을 표현하고, 관심을 주고, 이야기를 들어주고 보살펴 주자 쉬는 시간에 나갔다가 늦지만 교실로 들어오게 되었다. 또 친구들과 문제가 생겨 화가 나서 바닥에 드러눕고 있을 때는 내가 가서 살펴보고 대화하며 손을 잡아 주면 아무 일도 없던 것처럼 일어나 나와 함께 교실로 갔다. 화를 내며 잘못된 행동을 지적할 때는 더욱 고집을 부리며 움직이려고 하지 않던 아이가 말이다. 그렇게 조금씩 변하기 시작했다.

그러던 어느 날 예찬이 어머님이 전화를 먼저 하셨다. 그러고는 우시면서 그동안 정말 나에게 미안했다고 사과를 하는 것이었다. 예찬이 어머님은 말없이 학교에 오셨다가 예찬이와 내가 지내는 모습을 보시고는 많이 울었다고 하셨다. 예찬이에게 엄마인 본인보다 선생님이 더 엄마처럼 대해 주는 모습과 예찬이가 조금씩 변화하는 모습을 보고 자신이 전화로 상처 되는 말을 했던 것을 진심으로 사과하셨다.

예찬이는 특히 그림 그리기를 좋아했는데, 누가 봐도 이건 대체 무엇을 그린 것인지 알 수 없는 그림이 대부분이었고, 누군가에게 말하는 것도 싫어하며 바로 그림을 감추고는 했었다. 그런데 조금씩 변화하면서 수업 시간에 힘들어하거나 지칠 때는 원하는 그림을 그리도록 하였고, 대신 무엇을 그린 것인지 설명을 해 주기로 약속했다. 나중에 무엇을 그렸는지 설명을 해 달라고 하면 자세히 친절하게 알려 주었다. 그런 그림을 통해 예찬이의 마음속에 있는 다양한 생각들을 엿볼 수 있었다.

이러한 변화가 지속되기 위해서는 학부모님의 변화가 절실하기에 예찬이를 위해 부모님께도 Wee클래스 상담을 받아 보실 수 있도록 부탁했다. 처음에는 꺼리던 학부모님도 담임교사의 조그마한 사랑과 관심에도 금방 풀죽은 줄기를 펴고 예쁜 새싹 같은 미소를 보여 주는 예찬이의 변화를 보면서 아이를 위해 상담이 꼭 필요하다는 내 말을 믿고 따라 주셨고, Wee클래스 상담을 통해 예찬이를 위한 노력들을 조금씩 배워 나가기 시작하셨다.

예찬이를 찾으러 다니면서 열심히 걸어서 그런지 나는 건강하게 첫째 아이를 순산하였고, 출산 휴가 기간에도 예찬이는 새싹 같은 푸른 미소로 반 아이들과 함께 동영상으로 편지를 보내기도 했다.

모든 교사들이 꺼리는 예찬이 같은 아이.
예찬이가 마음이 아프다고 표현하는 행동들을 모두 문제행동으로만 보고 나도 같이 혼내며 그 아이에게 마음을 닫아 버렸다면 어땠을까. 스스로 처한 상황에서 어쩔 수 없이 문제행동을 벌이는 그 아이의 마음은 어떨지 짐작조차 어렵다. 그러나 아이의 문제행동에는 저마다의 이유가 분명히 있을 것이다. 모든 교사가 꺼리는 아이에게 필요한 것은 그 아이만을 위한 사랑과 관심이라는 것을 잊지 말자.

슬기로운 1학년 담임 생활

#코로나 #온라인수업 #학부모 #안내 #소통

"여러분 안녕하세요? 1학년 담임선생님입니다. 만나서 반갑습니다."

카메라 렌즈를 앞에 두고 최대한 반갑게 손을 흔들고 웃으며 인사를 해 보지만 영 어색하기 짝이 없다. 온라인 입학식이라니! 정말 생각지도 못한 사상 최초의 일이다.

새로 장만한 책가방을 메고 엄마 아빠의 손을 잡고 조금은 낯설고 긴장한 얼굴로 입학식에 오는 꼬꼬마 녀석들. 이런 모습이 흔한 입학식 풍경이었는데 올해는 코로나19라는 변수로 일상은 물론 학교생활까지 바꿔 놓았다. 1학년 담임을 맡은 지 이번 학교에 와서 벌써 3년째이지만 올해는 정말 여러모로 특별한 해를 보내고 있다.

다른 사람들은 손이 많이 가는 1학년 아이들을 담임 하는 것이 힘들지 않느냐고 물으신다. 왜 힘들지 않겠는가? 1학년 아이들은 등교부터 하교까지 교실에 들어와서 가방 놓고 책상 서랍, 사물함 정리

방법부터 화장실 사용 방법, 급식 먹는 방법, 청소하는 방법까지 일일이 다 가르쳐야 한다. 간혹 배변 처리까지! 그리고 하루에 선생님을 몇 번을 부르는지 모른다.

"선생님, 지금 쉬는 시간이에요?"

"선생님, 여기 우유 흘렸어요."

"선생님, 이렇게 색칠해요?"

"선생님, 국어책이 없어요."

"선생님, 쟤가 밀었어요."

"선생님, 그 다음엔 뭐 해요?"

"선생님, 몇 쪽이에요?"

"선생님! 선생님! 선생님!"

매일매일 무한 반복이다. 그렇게 아이들과 정신없이 하루를 보내고 나면 집에 와선 정말 기진맥진 힘이 없을 정도다.

아이들 못지않게 교사가 신경 써야 하는 대상이 있는데 바로 1학년 학부모이다. 아이를 처음 학교에 보내는지라 누구보다 관심이 많은 것은 당연지사이다. 1학년 아이들에게는 가뜩이나 정말 세세한 안내가 필요한데 그건 처음 학교를 보내시는 학부모님들께도 마찬가지이다. 학사일정, 학교 일과 안내, 현장 체험학습 신청서 보고서 작성방법, 출결처리, 평가, 에듀버스 등하교 방법 등등. 그런데 이번에는 추가적으로 코로나19라는 특수한 상황에 누구나 처음 겪는 온라인 수업의 시대로 1학년뿐만 아니라 모든 학년 학생과 학부모에게 세세한 안내가 필요하다. 더구나 학부모의 연령이 다양하기 때문에 스마트 기기가 익숙한 2~30대도 있지만 그렇지 않으신 분들도 있기 때문에 자세한 안내는 필수다.

1학년 온라인 수업 방법은 1, 2교시 EBS 시청으로 대신하였고 나머지 시간은 e학습터에서 콘텐츠와 동영상 시청 후 관련 활동을 하기로 했다. 주간학습 예고안으로 1주일 시간표를 안내하고 일일학습으로 차시별로 해야 할 일을 안내했다. 무슨 사용설명서를 만들 듯이 말이다. 그리고 주 2회씩 학부모님께 전화를 드렸다. 우리 아이들이 아픈 데는 없는지, 잘 지내고 있는지, 수업에 어려움은 없는지 아이들과 이야기 나눈다. 전화를 받은 어머니들과도 어색한 인사를 나누고 처음엔 "네네네" 대답하던 아이들도 이젠 묻지도 않은 친구 생일파티 이야기며 주말에 자전거를 탔다는 이야기 수다를 떤다. 공부가 쉽다는 등 너스레를 떠는 녀석도 있다. 그래도 그렇게 정기적으로 통화를 해서인지 아이들과도 조금은 불편했던 어머니들과도 친숙해진 느낌이 들었다.

온라인 수업이 한창일 즈음 5월 15일 스승의 날이 되었다. 예전 같으면 아이들과 그동안 가르쳐 주신 선생님께 드릴 색종이 카네이션을 접고 감사 편지를 쓰는 시간을 가졌을 텐데 올해 스승의 날에는 아이들을 만날 수 없었다. 평소와 같은 날처럼 오후 일과를 보고 있는데 우리 반 하나 어머니로부터 카톡이 왔다.

선생님! 등교도 못하는 아이들 위해 학습이며 신경 많이 써 주시는데 너무 감사해서요. 별거 아니니 제발 받아 주세요. 김영란법 저촉되지 않게 3만 원도 안 하는 거니까요. 직접 찾아뵙고 인사 드리지 못해 아쉬울 따름입니다. 언제쯤 아이들이 자유롭게 뛰놀 날이 올까요? ㅎㅎ

카톡으로 기프티콘을 보내셨다. 요즘은 카톡으로 손쉽게 선물도 보낼 수 있고 정말 편리한 세상이다. 하지만 거절하는 마음은 참으로 불편하다. 나는 문자로 거절하기 보단 직접 말씀드리는 게 나을 것 같아 전화를 드렸다.

"하나 어머니 안녕하세요? 카톡으로 선물 보내셨더라구요. 제가 그냥 거절하기 누르면 기분 상하실까 봐 전화 드렸어요."

"선생님, 이거 정말 고민하고 보낸 거예요. 크게 대단한 것도 아닌데요. 물론 모든 선생님들 마음은 다 같으시겠지만 그래도 초등학교 첫 시작인 1학년을 정말 좋으신 선생님을 만난 것 같아 얼마나 뿌듯하고 좋은지 몰라요. 코로나 때문에 선생님들께서도 등교 준비하시느라 일거리가 더 늘어났을 것으로 생각돼요. 그만큼 신경 쓸 것이 많아졌을 테니까요."

"어머니 마음은 정말정말 감사하구요. 그런데 제가 이건 받을 수 없어요. 죄송하지만 제가 거절하기 눌러도 너무 마음 상하지 마세요."

어머니는 온라인수업 기간 자세한 안내와 상담 전화가 마음에 드셨던 모양이다. 하지만 나는 당연한 할 일을 한 것뿐이었는데 아무튼 덕분에 감사 인사 하나로 기분 좋은 스승의 날을 보냈다.

5월 27일, 드디어 처음으로 아이들이 등교를 했다. 우리 학교는 전교생 60명 이하 작은 학교로 전교생 등교 수업을 시작했다. 교문에는 "어서 와. 애들아! 보고 싶었어!"라는 환영 현수막이 걸렸고 선생님들은 오랜만에 만나는 아이들을 반갑게 맞이했다. 한 가지 현관 앞 발열 체크로 등교를 시작했다는 것이 조금 특별했다고 해야 할까?

나는 아이들이 한 명씩 올 때마다 똑같은 이야기를 반복했다.

"안녕? 반가워! 여기서 신발 벗고 실내화 꺼내서 신어 볼래? 신발은 여기 신발장에 넣는 거야. 여기가 우리 교실이야. 책상에 붙여진 이름표대로 자리에 앉아서 가져온 책 한번 읽고 있으렴."

등교 수업을 시작한 지 3주가 지나고 아이들이 어느 정도 학교에 적응이 끝나갈 무렵 학교에서는 그동안 하지 않았던 방과후학교 수업이 시작되었다. 처음으로 방과후학교 수업을 한 날 오후 4시 15분쯤 하나 어머니에게서 전화가 왔다.

"하나 어머니, 안녕하세요?"

"선생님, 제가 지금 학교에 가도 되나요?"

"네? 무슨 일 있으신가요?"

"하나 휴대폰이 없어졌어요."

"네? 휴대폰이요? 오늘 하나가 휴대폰을 가져왔었나요?"

"네, 분명히 아침에 가져갔어요. 휴대폰이 꺼지면 제게 알림이 오거든요. 아침 9시 5분에 꺼졌어요."

나는 어머니와 통화를 하면서 얼른 교실에서 하나의 책상 서랍과 사물함을 열어 보면서 휴대폰을 찾았지만 없었다.

"지금 하나 자리랑 사물함도 다 찾아보았는데 없어요."

"선생님이 말씀한 대로 하나는 학교 가면 휴대폰 전원 끄고 가방에 넣고 했대요. 하나한테 물어보니 휴대폰을 가방에서 꺼낸 적도 없다고 하는데 집에 와 보니 가방에 없어요. 그리고 휴대폰이 켜져 있으면 위치 추적을 할 수 있는데 지금은 꺼진 상태라 할 수가 없어요."

어머니는 굉장히 흥분된 상태로 말씀을 하셨다. 초등학교에 처음 입학하는 아이에게 요즘 위험한 세상에 혹시나 하는 상황에 대비해 휴대폰을 샀다고 하셨다. 그동안 별 탈 없이 다녔는데 오늘 처음 방과후학교를 시작했고 이런 일이 발생하니 다른 학년 아이들이 의심된다고 하셨다. 우선 나는 하루 기다려 보자고 말씀드렸다. 정말 누군가 가져갔다면 전원이 켜지는 동시에 어머니 휴대폰으로 사진과 함께 위치 추적도 가능하다고 하셨으니까 시간을 갖고 기다리는 게 좋겠다고 말씀드렸다. 어머니는 나와 한참을 통화하고 나서도 마음이 놓이지 않으신지 카톡도 보내오셨다. 나 또한 학교 교직원분들께 휴대폰 분실 사실을 알리고 습득하시면 꼭 가져다 달라고 알렸다. 그리고 어머니께도 이 사실을 알리고 내일 아이들이 오면 물어보겠다 하면서 안심도 시켜 드렸다.

퇴근하는 차 안에서 하나 어머니께 연락이 왔다. 휴대폰의 전원을 켜자 바로 얼굴 사진이 전송이 되어 휴대폰을 가져간 아이를 알게 되었단다. 놀랍게도 우리 반 그것도 하나와 가장 친한 친구 두리였다. 나는 하나 어머니께 우선 기다려 달라고 말씀드리고 내가 직접 두리 부모님께 전화를 드리겠다고 했다. 다행히도 하나 어머니는 믿고 기다려 주셨고 나는 두리 아버님께 전화 드려 자초지종을 말씀드렸다. 두리 아버님은 깜짝 놀라시며 하나 어머니께 죄송하다고 직접 찾아뵈어야 한다며 집 주소와 연락처를 물으셨다. 나는 한번 여쭤봐 드리겠다고 했고 하나 어머니는 뭐 그럴 필요는 없을 것 같다고 하시며 휴대폰만 무사히 가져다 달라고만 말씀하셨다.

나는 하나 어머니께 두리 아버님과 통화한 내용과 두리 어머님이 직접 내일 가져다주시기로 했고 따로 두리랑 이야기 나누는 시간을 가지겠다고 문자를 드렸다. 하나 어머니는 외려 선생님도 놀라셨을 텐데 두리가 다음부터 안 그러면 되는 거고 아이들이라 실수할 수 있다고 두리 부모님께도 너무 나무라진 마시라고 전해 달라고 하셨다. 다음 날 두리는 휴대폰을 가져왔고 나는 아이들 모르게 하나와 두리를 상담실로 불러 사과의 시간을 가지고 이 사건은 마무리되었다.

나는 혹시나 하나와 두리가 사이가 나빠지면 어쩌나 걱정했는데 나의 걱정과는 다르게 아이들은 언제 그런 일이 있었냐는 듯이 너무나 잘 지내고 있다. 나중에 하나 어머니와 상담을 하면서 알게 되었지만 하나 어머니가 하나에게 절대로 친구들에게 이야기하지 않도록 단단히 일러 주셨다고 하셨다. 그리고 선생님께서 잘 해결해 주셔서 무사히 아무 일 없이 지나갈 수 있었다며 감사하다고 말씀해 주셨다. 아이들을 먼저 생각해 주신 하나 어머니 덕분에 나는 외려 감사했다.

우리 아이가 학교에서 어떻게 지내고 있는지 생활은 잘하고 있는지 궁금해하는 부모님의 마음은 누구나 마찬가지이다. 그래서 나는 매일 알림장을 쓰면서 안내 사항뿐 아니라 오늘은 어떤 공부를 했는지, 어떤 활동을 했는지, 아이들의 학교생활을 알려 드리려 한다. 매주 금요일에는 한 주 동안 수업했던 활동사진을 학급 앨범에 올리기도 하는데 부모님들은 그 사진을 기다리게 된다고 말씀하셨다. 선생님을 믿고 맡길 수 있는 슬기로운 1학년 담임 생활을 위해 '오늘도 파이팅!!' 하고 힘을 내 본다.

두 번째 부모가
된다는 건

　몇 해 전 현장학습을 가던 친구가 버스 안에서 볼일을 본 일이 사회적으로 큰 '이슈'가 된 적이 있었다. 사실 나는 그 사건을 접하고 시간을 돌릴 수 있다면 우리가 할 수 있는 경우의 수를 이것저것 생각해 보았다. 또한 주변의 선생님들과 그것을 주제로 하여 이야기를 나눈 적이 있었다.

　'학생이 배가 아팠으니까 현장학습을 가지 않았다면? 버스가 조금 안전한 장소에서 학생을 내리게 해서 볼일을 보게 했다면? 휴게소에서 친구를 혼자 두지 않고 함께 있어 준 선생님이 있었다면? 그 버스의 친구들이 조금 늦게 현장학습 장소에 가더라도 함께 기다려 주었다면?'

　사실 우리는 어떤 일이 발생하기 전에는 어떻게 행동할 것인지 아무도 모른다. 그리고 장담할 수도 없는 일이다. 학교에서는 어떻게 대처를 하면 좋을지 모르는 무수한 일들이 일어난다. 그때 '어떻게 해야 할까?'를 고민한다면 학부모의 입장이 되어 생각해 보라는 이야기를 하고 싶다.

학교에서 교사의 역할은 무엇일까? 나는 가르치는 일을 하는 직업을 가진 교사인가? 만약 내가 직업적인 의미에서의 교사만을 고집한다면 해결할 수 없는 일들이 학교에서는 무수히도 많이 일어난다.

"선생님! 지금 화장실에서 난리가 났어요."

"뭐라고? 왜?"

"화장실 밖에서도 냄새가 진동해서 들어갈 수가 없어요."

'이건 분명 무슨 일이 일어난 거다.'

나는 빠른 걸음으로 화장실로 향하였다. 아니나 다를까? 화장실 앞에서는 아이들의 웅성거리는 소리가 들리고 있었고, 그 화장실 문을 열어 보려는 아이들의 움직임을 포착할 수 있었다. 나는 아주 조용하고 나지막한 목소리로 말했다.

"얘들아, 지금 우리의 친구 중 한 명이 많이 아픈 것 같은데 너희들이 그렇게 웅성거리면 화장실 안에 있는 친구가 어떻게 나올 수 있겠니? 너희들이 배가 아파서 실수했다고 생각해 봐! 입장을 바꾸어 이렇게 할 일인지 생각해 보았으면 좋겠어. 자 선생님은 지금 화장실 안에 있는 친구를 도와주어야 한다고 생각하는데 너희들의 생각은 어떠니?"

"네, 죄송해요."

"지금 너희들이 조용히 교실로 돌아가면 선생님이 이 일을 해결할 수 있을 것 같아."

그렇게 웅성거리던 아이들은 모두 교실로 돌아갔다. 나는 그제서
야 화장실 안으로 들어갔다. 혹시 모를 상황을 대비해서 부모님께
전화를 먼저 드렸다.

"어머님! 소리가 배가 아파서 화장실에서 실수를 한 것 같은데요.
제가 최대한 도움을 줄 수 있는데 괜찮겠어요?"

"네, 선생님! 제가 지금 바로 학교로 출발을 할게요. 소리가 힘들
지 않게 도와주셨으면 좋겠어요."

"네, 어머님! 걱정하지 마시고 곧바로 학교로 와 주세요."

어머님께 전화를 하고 곧바로 화장실로 들어갔다.

"선생님인데 너를 도와줄 거야. 혹시 어떤 도움을 주면 좋겠니? 걱
정하지 말고 편안하게 말했으면 좋겠어."

"저 화장지가 필요해요."

"알겠어! 화장지 가져다줄게, 그리고 너 혼자 해결할 수 있는 일이
니?"

"일단 저 혼자 해 볼게요. 안 되면 도와 달라고 할게요."

사실 이 정도의 냄새로 보았을 때 혼자 해결할 수 없는 일인 게
분명하다고 생각했다.

"선생님이 도와줄까?"

"네!"

"선생님이 모든 것은 비밀로 해 줄게, 지금은 단지 너를 도와주는
거다."

그렇게 화장실 문이 열렸다. 사실 소리는 배탈이 나서 속이 많이 안 좋았고, 급하게 화장실로 달려오다가 속옷과 바지에도 실수를 한 것이다. 그것도 묽은 것이 흘러내린 것이 분명했다. 순간 그냥 해결할 수 있는 것은 아니라고 생각했지만 일단 기본적인 것은 해결을 해야 했다. 머릿속으로 어떻게 할 것인지 차근차근 생각을 했다. 몸에서 나는 냄새를 기본적으로 사라지게 해야 한다는 생각이 먼저 들었다. 다행히 교실에는 알뜰 바자회에서 남게 된 체육복 바지가 있었다. 그리고 화장실 안에는 수도꼭지에 연결된 호스도 있었다. 다만 최대한 빠른 속도로 이것을 해결해야 한다. 비닐봉지와 화장지, 위생장갑, 물티슈를 가지고 일단 입고 있는 옷을 벗게 했다. 그리고 그것을 비닐봉지 속으로 넣은 다음 묶었다. 그리고 소리의 몸에 묻어 있는 것들을 화장지로 닦아 비닐봉지에 넣었다. 그리고는 물티슈를 이용해서 닦아 주었다. 창문은 열려 있었지만 냄새는 여전히 사라지지 않고 있었다. 다행히 날씨는 무더운 여름이어서 호스를 이용하여 씻기는 일은 쉽게 이루어질 수 있었다. 나는 마치 소리의 엄마가 된 것처럼 비누칠을 하고 호스를 이용하여 씻어 주었다. 다행히 냄새가 많이 사라진 상태였다. 이제 신고 있는 실내화를 물로 씻어 주고 수건으로 닦은 다음 체육복 바지를 입게 했다. 아주 빠른 시간 안에 모든 것을 해결하고 있었다.

물론 다른 친구들은 볼 수 없게 조치를 취해 놓았고 상황은 아주 빠르게 전개되었다. 그 사이 어머님이 도착하셨고, 곧바로 집으로 가서 쉴 수 있도록 하였다. 실수한 속옷 봉지와 함께 어머님과 소리는 집으로 갔다. 나는 그다음 화장실 안쪽 칸과 복도 쪽에 물청소를 하고 마지막에 향기가 나는 방향제를 뿌린 다음 모든 상황은 종료가 되었다.

다음 날 어머님이 음료수를 가지고 학교로 찾아오셨다.

"선생님! 우리 소리가 어제는 속이 무척 안 좋았나 봐요. 선생님 아니었으면 정말 큰일이 일어났을 것 같아요. 속옷과 바지를 보니 그때의 상황이 너무나도 짐작이 가요. 냄새도 많이 났을 텐데 이렇게 도움을 주셔서 너무나 감사합니다."

"아니에요. 제가 당연히 해야 할 일을 한 것뿐인데요."

몇 번을 감사하다고 인사하는 어머님의 모습에서 정말 감사한 마음이 저절로 느껴졌다.

우리는 흔히 '입장을 바꾸어 생각해 보라'는 말을 많이 한다. 하지만 어떤 상황에서 우리가 정말 입장을 바꾸어 생각하는지는 아무도 장담할 수 없는 일이다. 사실 나도 다른 사람들처럼 비위도 상하고 냄새도 났다. 하지만 내 자녀가 실수를 했다면 그 모든 냄새를 참고 뒤처리를 당연히 할 수 있다. 내가 가르치는 우리 반 학생이 내 자녀라면 못 할 일이 아니기 때문이다.

'선생님은 학교에서의 제2의 부모님이다.'라는 말을 들어 본 적이 있을 것이다. 교사로서 내가 가르치는 아이의 제2의 부모님이라면 정말 부모님처럼 생각하고 행동하는 것이 맞을 것이다. 그리고 그것을 실천해 준다면 그것보다 학부모로부터 신뢰를 얻을 수 있는 일이 또 어디 있을까? 하는 생각이다.

내 자녀에게 담임선생님이 해 주었으면 하고 바라는 대로 나의 학
생들에게도 해 줄 수 있다면…

교육 철학이
바로 선 교사

올해는 코로나19로 인해 학생들과의 만남이 늦어졌다. 또한 수업 방식도 이전과 달라지고 등교도 늦어졌다. 올해 나는 1학년을 맡았는데, 학교생활을 해 보지도 않은 우리 1학년 아이들을 EBS가 먼저 만나고 얼굴도 보지 못한 아이들을 목소리로 먼저 만나야 했다. 올해 가장 힘들었던 것은 교사의 역할에서 오는 딜레마였다. '교사란 무엇인가?'라는 원론적인 의문부터 '나는 누구인가?' 또 '여긴 어딘가?'라는 질문으로 3월 새 학기를 시작했다. 우리 동학년에는 정년을 앞두고 계신 선생님과 교감 지명을 받은 교직 경력이 지긋하신 선배님들이 계신다. 그리고 1학년을 여러 번 맡은 너무나 배울 점이 많은 후배님이 있으며 나는 학년부장을 맡았다. 우리 동학년 선생님들은 나를 포함해 모두 올해 우리 학교로 전근 오신 분들이다. 새 학교에 적응할 시간도 없이 우리는 코로나19로 인한 교육과정 설계를 해야 했다. 동학년의 위력이 이렇게 대단하다는 것을 올해 새삼 느낄 수 있었다. 노련한 선배님들이 아주 훌륭한 교육자료뿐만 아니라 '노하우'를 하나하나 전수해 주실 때마다 얼마나 새롭고 재밌는지 1학년 교육과정을 계획하고 운영하는 것이 전혀 어렵지 않았다. EBS에서 1, 2학년은 온라인 학습을 운영해 주고 인터넷에 떠도는 학습꾸러미도 많이 있었지만 우리는 우리만의 학습꾸러미를 준비하고 복사하고 배부하는 일이 너무나 즐거웠다. 하지만 코로나19로 인해 등교가 점점 늦춰지는 상황에 우리도 점점 지쳐 가기 시작했다. EBS 수업이 우리의 진도와 맞지 않을뿐더러 가정에서 아이들이 과연 얼마나 학습을 하고 있을까 걱정도 되었다. 특히나 1학년이라 더더욱 걱정이 되었다.

우리 학교는 규모가 좀 있기 때문에 전체 등교가 어려웠다. 전체 등교를 하게 될 시 밀집도가 높아 전염의 우려가 있기 때문에 모두들 고민이 깊었다. 학부모님들의 의견을 물었고 결국 1, 2, 4학년과, 3, 5, 6학년 격주로 등교를 하게 되었다. 이러한 결정 과정에서 무엇보다도 필요했던 것은 '교사가 가지고 있는 철학'이었다. 우리 동학년 선생님들은 매일 아이들을 하교시키고는 우리 반에 모여 내일 수업 및 다음 주 수업 준비를 미리 하였다. 그 시간에는 개인적인 이야기에서부터 학교 이야기, 그리고 아이들 이야기까지 다양한 이야깃거리들이 우리들의 입에 오르내렸다. 교사라면 결국 학교 이야기와 아이들 이야기로 끝난다는 사실은 누구나 동감할 것이다.

"우리 1학년 아이들은 집에서 잘 공부하고 있을까요?" 내가 걱정

스레 말을 꺼내면

"어제도 가정으로 전화를 돌렸는데 잘하는 아이들은 하지만 안하는 아이들은 안 하는 것 같더라고요."

"1학년은 아직 부모의 도움이 필요해요. 부모가 잘 봐주면 잘하는 거고, 부모가 바빠서 못 봐주면 못 하는거고."

경력 많으신 선배님께서 말씀하신다.

"1, 2학년은 아직 부모의 손길이 필요해요. 1, 2학년 때 엄마들의 도움으로 생활 습관이나 학습적인 부분이 해결되면 3학년 때부터는 알아서 할 수 있다니까."

선배님 말씀이 맞다. 내 아이를 봐도 1, 2학년 때는 신경이 많이 쓰였는데 3학년이 되니 아이가 스스로 하는 것이 더 많다. 손이 덜 간다고 해야 하나? 어찌됐든 너무 편해졌다.

"그러니 생각해 봐요. 지금 이때 엄마들은 얼마나 힘들까? 아이들 봐주랴, 일하랴, 아마 우리들보다도 엄마들이 더 힘들걸?"

"그러니까요, 저도 요즘 집에 있는 애 때문에 너무 불안해요."

애가 중학생인 선배 선생님이 말씀하셨다.

"우리 긴급 돌봄에 대해서 부모님들께 단체 메시지를 좀 넣을까요? 부모님들이 문의를 해 오시니 우리가 아예 단체로 보내서 희망하는 학생은 학교로 보내라고요."

경력 많으신 선생님이 말씀하셨다. 사실 우리 지역은 확진자가 오랫동안 없었고 주변의 모든 학교들은 매일 전체 등교를 하고 있었다. 이쯤 되면 학부모님들도 지치고 우리도 지치니 의견을 물어 학교의 도움이 꼭 필요한 아이들은 수용하자는 것이었다. 그렇게 우리 1학년은 학부모님의 의견을 물어 긴급 돌봄을 진행하였고 원격수업주간에도 한 반의 1/3 이상이 등교를 하는 상황이 되었다. 부모님의 선택사항으로 진행된 교육과정이라 민원도 안 생기고 오히려 우리 1학년 선생님들께 고마움을 표시하는 학부모님들도 계셨다.

모두가 망설이고 있을 때 명쾌한 결정을 해 주시는 선배님들께 깜짝깜짝 놀랄 때가 있다. 매일처럼 모여 앉아 이야기를 하던 어느 날

"부장님, 우리 다다음주 학습꾸러미 만들어야 하지 않을까요?"

"네? 벌써요, 아직 월요일밖에 안 됐는데…"

"어영부영하다가 일주일 그냥 간다니까요."

"네, 그럼 주간학습 예고안부터 만들어 볼게요."

사실 주말을 쉬고 온 터라 많이 피곤하고 지치는 월요일이다.

'우리 선배님들은 너무 부지런하셔.'

속으로 투덜대면서도 그 자리에서 TV 모니터를 켜고 주간학습 예고안을 협의하고 만든다. 차시만 결정되면 필요한 학습지가 척척 나온다. 역시 선배님들이시다. 가정에서 할 수 있는 내용은 원격주간에 넣고, 학교에서만 할 수 있는 내용은 등교 수업으로 넣는다. 코로나19로 인하여 가정학습이 중시되는 지금 아이들에게나 부모님께 부담을 덜어 주고 싶은 마음이 고스란히 들어가는 교육과정 재구성이다. 이렇게 같이 하면 한 학년에 여러 반으로 구성된 학교는 정말 가르치기 쉬울 것이다. 어쩜 1학년이라는 특수성 때문이었는지도 모른다. 하지만 무엇보다도 동학년 선생님들이 가지고 있는 교육 철학이

비슷한 이유이기도 하다. 사람은 다 다르듯이 선생님들이 가지고 있는 교육 철학이 다 다를 만도 한데 신기하게도 우리 동학년 선생님들은 콕 집어 여쭈어보지는 않았지만 나와 다르지 않은 듯하다. 무엇보다도 우리는 '관계'를 중요시한다. 서로에 대한 이해가 없이는 교육이 이루어질 수 없다고 생각한다. 학년부장이라는 자리는 무엇보다도 동학년 선생님들과의 관계가 매우 중요하다. 서로를 존중하고 이해하며 도우면서 함께 일을 해 나갈 때 즐겁게 일을 처리하고 효과도 극대화가 될 수 있다. 부모님과의 관계도 매우 중요하게 생각하기 때문에 민원이 생기지 않도록 부모님의 마음을 헤아리고 일을 계획한다. 또한 학생들과의 관계도 매우 중요하게 생각하기 때문에 아이들에게 맞춤형 수업이 이루어질 수 있도록 수업을 진행한다. 실제로 반에서 학교생활을 힘들어하는 아이가 있으면 그 아이에 대해 이야기 나누고 해결 방법을 함께 고민한다.

선생님들의 교육 철학이 비슷하기 때문에 우리는 완전체가 될 수 있었다. 몇 달이 흐르도록 우리 지역엔 확진자가 나오지 않았다. 방과후학교도 이루어지지 않았기 때문에 1, 2학년의 긴급 돌봄 수요는 급증하였고 한 반 학생들의 2/3가 매일 등교를 하는 꼴이 되었다. 조금씩 학부모님들도 가정에서 아이들 돌보기를 버거워하셨다. 우리 1학년 선생님들은 이미 긴급 돌봄으로 반 아이들의 1/3이 등교를 하고 있던 터라 차라리 1학년만이라도 매일 등교를 하도록 해 달라는 의견을 냈었다. 무엇보다도 학부모의 입장에서, 그리고 학생의 입장에서 우리 1학년은 돌봄, 기초학력이 가장 걱정이 되었기 때문이다.

1학년을 제외한 다른 학년에서 민원이 점점 증가했다. 학부모님들은 1학년처럼 고학년도 긴급 돌봄을 요구하기도 했고 확진자도 없으니 매일 전체 등교를 해야 하지 않겠느냐, 가정에서도 노력할 테니 학교에서 방역에 좀 더 힘써서 매일 전체 등교를 했으면 좋겠다는 의견이 많았다. 우리 학년은 학부모 설문을 통하여 등교 형태에 대해 정해야 한다고 의견을 말씀드렸다. 교육부에서는 학교에 재량권을 주었지만 만약 학교가 결정을 내리기 어려운 상황이라면 학부모의 의견을 수렴하는 것이 가장 좋은 방법이라는 것이다. 또한 코로나19의 전염에 너무나 염려가 되는 가정은 등교를 하지 않고 교외체험학습을 신청하도록 기회를 줘야 한다는 의견과 함께였다. 결국 학부모의 의견을 모아 등교 결정을 내리게 되었고 민원은 전혀 생기지 않았다.

우리 1학년 선생님들의 교육 철학처럼 '관계'를 중시하면 어떠한 불화도 생기지 않는 것 같다. 많은 수의 아이들이 학교에 오면 담임 선생님들은 더 힘들 것이란 사실을 부모님들도 잘 알고 계신다. 게다가 1학년 아닌가? 처음부터 하나씩 알려 줘야 하는 1학년. 그런 아이들을 학교에 맡길 수밖에 없는 현실을 안타까워하시면서 우리 1학년 선생님들께 계속 미안해하셨다. 우리 1학년 선생님들이 조금씩 보여 드렸던 노력으로 마음이 통했고, 결국 부모님들과 신뢰를 쌓을 수 있었다.

학부모들은 교사의 마음을 모르지 않는다. 코로나19로 교사들도 힘들다. 매일 발열 체크에 아이들 출석 체크에 교재 연구에 너무 힘들다. 교사나 학부모는 모두 하나를 바라보고 말하고 있다. 우리는 우리 아이들을 보고 우리 아이들을 위한 교육을 고민하고 있다. 이렇게 같은 고민을 갖고 있는 우리가 서로를 생각하고 신뢰하는 관계를 만들어 나간다면 교직 생활이 결코 힘들지만은 않을 것이다.

학생들의 삶과
연결되는 교육하기

    지금은 교육과정에서 없어졌지만 4학년 과학 시간 혼합물의 분리 단원에 콩에서 단백질을 분리해 내서 두부를 만들어 보는 시간이 있다. 물론 두부 만드는 방법을 잘 알고 있기는 하다. 하지만 교사인 나에게는 전문성이 부족하다. 두부 만들기를 하면 맛의 차이도 나고, 만들어진 두부의 양의 차이가 나기도 한다. 이럴 때는 자주 가는 국산 콩두부 집의 맛을 떠올린다. 사장님을 우리 교실로 모셔 올 수만 있다면 더욱 훌륭한 수업이 될 수 있을 텐데.

    '누가 이 수업을 도와주면 좋겠다.'

    학생들을 가르치면서 가끔씩 전문가가 도움을 주면 정말 좋겠다고 생각할 때가 있다. 특히 '두부 만들기' 수업이 그랬는데 지금은 교육과정에서 사라져 버린 이 수업에 특별한 기억이 남아 있는 것은 이 수업이 참 많은 과정을 거치기도 하지만 엄청 손이 많이 가는 수업이기도 하기 때문이다. 물론 두부 만들기를 하다가 콩물이 끓어 넘칠 때는 깜짝 놀라기도 하고 당황하기도 하는데 그럴 때는 정말 힘에 부치는 느낌, 딱 그대로인 것 같다.

두부 만들기 수업을 진행하면서 힘이 들었던 것보다도 가장 아쉬웠던 것은 두부의 맛을 살릴 수 없었다는 점이다. 물론 콩 속에 들어 있는 단백질을 분리하여 두부로 만드는 것을 학생들이 알게 하는 것도 그렇게 나쁘지 않은 수업일 것이다. 하지만 나는 거기에다 한 가지를 더해 학생들에게 식물 단백질의 '보고'인 두부를 맛보게 하고, 또한 건강에 좋은 두부를 학생들이 좋아하게 됐으면 하는 생각을 가지고 수업을 한다. 하지만 내가 계획했던 것에서 딱 한 가지 부족한 부분은 콩에서 분리된 단백질로 만들어진 두부는 볼 수 있으나 맛은 보장하지를 못한다는 점이다. 그래서 학생들이 두부를 즐겨 먹는 음식으로 만들 수 없었다는 교육적 아쉬움이 항상 존재했다.

"어머님! 이 두부는 어떻게 만든 거예요? 다른 곳에서 만든 두부와는 정말 질적으로 다른 것 같아요. 무슨 비법이라도 있나요?"

"아 정말 그런가요? 감사해요. 이렇게 칭찬을 해 주다니요."

"어머님! 혹시 어머님의 전문가의 손길을 우리 학교 학생들과 함께 해 주실 수 있나요? 시간만 있으시면요! 가게 일이 바쁘시니까! 안 되겠죠?"

'바빠서 안 될 것 같아요. 선생님!'

딱 이 정도의 말을 흘렸어도 크게 실망을 하지는 않았을 것이다. 왜냐하면 가게 일을 하시는 분은 그 나름대로의 바쁨이 있으니까!

또한 그 바쁨을 방해하면 안 된다는 최소한의 생각은 있었으니까!
하지만 나의 이야기가 끝나기도 전에

"선생님 언제쯤이면 가능할까요? 혹시 오전에도 된다면 점심 장사
는 남편에게 맡기고 한두 시간쯤 시간을 내 볼게요."

'아하, 이 어머님은 나의 고민을 알고 있는 것이 분명하다. 아니 어
쩌면 학생들에게 진짜 두부의 맛을 보여 주고 싶은 나의 마음과 통
했을지도 모른다.'

"아! 정말 감사합니다. 이렇게 흔쾌히 승낙해 주실 줄은 상상도 못
했어요. 다시 한번 정말 감사합니다."

교육은 교사만이 잘할 수 있는 것은 아니라고 생각한다. 어쩌면
가끔 전문성이 없으면 그냥 흉내만 내다가 마는 것이 수업일지도 모
른다. 시를 가르칠 때는 시인이 옆에 있으면 시에 대해 더 잘 가르쳐
줄 것 같고, 미술을 할 때는 화가가 옆에 있으면 그림에 대해 더 잘
이해를 시켜 줄 것 같고, 음악을 할 때는 피아니스트가 있으면 더욱
학생들과 즐거운 음악을 할 수 있을 것이라고 생각한다. 왜냐하면 여
러 과목을 가르치면서 여전히 부족한 나와는 다르게 전문가의 손길
이 다를 것이기 때문에.

"어머님! 그럼 제가 무엇을 준비하면 될까요? 콩, 믹서기, 간수, 두
부 틀, 부르스타, 냄비 등을 준비하면 되나요?"

"아니에요. 선생님! 제가 다 준비해 갈게요. 부르스타와 큰 냄비,
두부 틀과 거르는 광목천만 준비해 주시면 됩니다."

'허걱! 정말 이래도 되는 것인가? 며칠 전부터 콩과 간수를 주문하

고 최소한 하루 전에는 믹서기에 불린 콩을 갈아 콩물을 준비해야 하는데!'

약속된 날의 수업이 시작되었다. 나는 어머님에 대해 소개를 했다.

"4대째 두부를 만들고 있는 두부 만들기의 달인, 태양이의 어머님을 소개합니다. 오늘 여러분에게 두부 만들기에 대한 모든 것을 알려 주고 정말 맛있는 두부를 함께 만들고 여러분에게 정말 맛있는 두부를 맛보게 해 주시기 위해 귀한 시간을 내주셨습니다. 큰 박수로 환영해 주시기 바랍니다."

"와아!"

여느 때보다 반짝반짝한 눈망울들, 오늘의 특별한 수업을 알기라도 하는 듯이 학생들은 열정적으로 박수를 쳐 주었다.

"자, 이것은 밭에서 생산한 국산 콩이에요. 저희 가게의 두부가 맛있는 것은 이 국산 콩으로부터 시작을 합니다."

나는 정말 깜짝 놀랐다. 왜냐하면 생략해도 좋을 하나하나의 과정을 학생들에게 보여 주셨기 때문이었다.

"왼쪽 콩은 아까 보여 준 밭에서 생산한 콩이에요. 오른쪽 콩은 크기가 다르죠? 어떻게 한 것일까요?"

"불린 콩이요."

"맞아요. 콩을 깨끗이 씻어 물에 불리면 콩이 이렇게 몸집이 커져요. 이 과정을 물에 불린다고 하는데, 다음은 불린 콩을 갈게 돼요. 우리 조상들은 돌로 만든 맷돌을 돌리면서 불린 콩을 물과 함께 넣어서 갈았어요. 그렇게 하면 콩물은 옆으로 나오고 콩 껍질과 같은 찌꺼기가 남게 돼요. 오늘은 간단하게 믹서기에 불린 콩을 갈아 왔어요. 그게 바로 이 콩물이에요. 그런데 콩을 갈면 콩물 말고 콩 껍질과 같은 찌꺼기가 나오는데요. 그것이 바로 콩비지예요."

어머님은 학생들에게 페트병에 든 콩물을 보여 주면서 동시에 학생들에게 콩비지를 만져 보게 하셨다. 하나도 넘치지도 않으면서 차분하게 설명해 주는 전문가만이 가질 수 있는 여유로움이었다. 콩도, 불린 콩도, 콩물도, 콩비지도 모든 과정에서 보게 될 것들을 하나씩 설명하면서 콩물을 끓이기 시작했다. 불은 중불로 하여 갑자기 끓어 넘치지 않도록 주의를 하면서 바닥에 눌러 붙지 않도록 주걱으로 저어 주었다. 그리고 그동안 내가 단백질을 응고시키기 위해 사용했던 '간수'가 아닌 바닷물을 사용하여 두부를 만드는 것이다.

그동안의 내가 해 왔던 두부 만들기와 전문가이신 어머님의 두부 만들기를 비교해 보았다. 특히 내가 발견한 커다란 차이점은 콩물의 진하기 정도와 간수 대신 사용한 바닷물이 두부의 양과 맛을 결정한다는 사실을 알게 되었다. 두부 만들기 수업은 그렇게 차분하게 진행이 되었고 드디어 두부는 일정한 형태의 모양을 갖추면서 완성이 되었다. 이제 드디어 두부를 맛볼 시간이다.

"정말 맛있어요. 먹어 본 두부 중에서 최고예요."

학생들에게 두부는 정말 인기 최고였다. 오늘만큼은 두부 만들기도 성공을 했고, 식물 단백질의 보고인 두부를 사랑하는 아이들이 탄생한 것이다.

가끔 내가 교사이니까 모든 것을 나 혼자 잘해 낼 수 있다는 생각을 하곤 했다. 교사로서 학생들을 잘 가르치려고 부지런히 교재 연구도 하고 학습자료를 만들기도 한다. 또 잘 안 되는 분야는 어떻게든 그 방법을 찾는 것이 교사가 계속 노력해야 하는 숙제이기도 하다. 하지만 이럴 때는 전문가를 초청하라고 이야기하고 싶다. 특히 그 전문가가 학부모라면 더더욱 충실하게 교사에게 도움을 줄 수 있다고 생각한다.

흔히들 전문가가 되려면 일만 시간이 필요하다고 한다. 여러 과목을 가르치는 초등학교 교사들의 특성상 모든 것에 다 전문가가 될 수는 없을 것이다. 가끔 교사 혼자의 힘으로 할 수 없는 일이 있으면 우리들의 학부모님들에게 도움을 요청해 보라고 이야기하고 싶다. 어쩌면 학부모님들도 우리 학생들의 교육에 많은 관심을 가지고 계신 분이고, 선생님의 진심 어린 요청에 같은 생각을 가지고 기꺼이 손을 잡아 줄 수 있는 교육의 동반자가 될 수도 있기 때문이다.

수업에 대한
고민으로부터

나는 대한민국의 초등교사다. 1급 정교사 자격을 갖춘 교사다. 하지만 교사라고 모두 똑같은 교사는 아니다.

'나는 얼굴이 예쁘지 않다.'

'몸매가 좋지도 않다.'

'남들보다 패션 감각이 좋지도 않다.'

'목소리가 낭랑하지도 않다.'

이런 내가 아직까지 교직을 천직으로 학생들의 앞에서 당당히 교육을 하고 있는 이유는 수업에 대한 고민을 남들보다 더 해 왔기 때문이다. 그리고 나는 이런 나를 사랑한다. 경력 5년 차 때 선배 교사로부터 들은 말이 있다.

"학생들에게 교육과정만 잘 운영해도 학생들은 정말 학교생활을 즐겁게 할 수 있어요. 학생들을 잘 가르치면 얼마나 재미있는지 몰라요."

'교육과정만 잘 운영한다는 말은 무엇인지? 그것만 해도 학생들은 충분히 재미있고 즐거울 수 있다니?'

사실 나는 그 말을 들을 때까지만 해도 그 말의 의미를 잘 모르고 있었다. 하지만 발령을 받고 매년 공개수업을 하면서 그 의미를 금방 알게 되었다. 공개수업을 하기 위해 남보다도 그 교육내용에 대하여 고민을 더 하게 되었고, '어떻게 하는 것이 더 학생들에게 재미있고 의미 있게 가르칠 수 있는가?'에 대한 연구 과정과 그 노력의 시간들, 그리고 학생들과 수업을 진행하면서 그 말의 의미를 서서히 알게 되었다.

'학생들의 눈빛이 오늘은 더욱 초롱초롱하고 선생님이 이끄는 대로 나를 따라오고 있었으니까…'

학부모들도 학생이 언제부터 달라졌는지 잘 알고 있다고 한다. 교사는 학생들을 1년 동안 맡아서 지도하는 반면 학부모들은 학생들의 학교생활을 연속적인 시점에서 바라본다. 그렇기 때문에 내 아이가 언제부터 달라졌는지를 정말 신통하게도 잘 안다고 한다.

나는 학생들에게 재미있고도 감동을 주는 수업을 하기 위해 노력을 한다. 하지만 교사 스스로 만족하는 수업이 과연 존재하는지는 모르겠다. 아니 매번 학생들에게 감동을 준다는 것은 쉬운 일이 아닐 것이다. 수업을 준비한다는 것은 많은 고민과 노력과 생각이 들어 있어야 하기 때문이다. 나의 교직 경력을 되돌려 생각해 본다면 그 일은 아주 천천히 진행되어 온 일이라고 할 수 있다.

'모두 처음부터 잘할 수는 없었을 테니까!'

그래도 내가 수업에 대해 많은 고민을 해 볼 수 있었던 것은 신규 교사 시절 나에게 찾아온 공개수업의 기회인 것 같다.

수업을 하면서 가장 중점적으로 생각한 것이 있다면 그것은 학생들의 기억에 남는 특별한 경험을 수업 속에서 실현하는 것이었다. 연구수업을 할 때면 굳이 남들이 어려워하는 주제를 택하게 된다. 모든 선생님이 싫어할 것 같은 주제, 힘들어할 것 같은 주제를 나는 선택한다. 그 이유는 그것이 힘들지만 가장 기억에 남게 되기 때문이다. 가장 기억에 남는 수업은 '동물의 짝찟기'라는 수업이었는데 모두 입이 벌어지게 하는 주제였고 그 수업을 어떻게 이끌어 갈지에 대한 궁금증을 백배로 가지게 만든 연구수업이었다. 그러나 사실 학생들이 생각하는 수준은 어른들이 생각하는 것처럼 '입에 담기 힘든 그런 세계'가 아닌 그저 곤충의 짝짓기 그 정도였다.

"최선을 다해서 짝짓기 하는 모습을 보고 아름답다는 생각을 했어요."

학생들은 그 안에서 배워야 할 것들, 생각해야 하는 것들을 충분히 찾아낸다. 교과의 내용이 어려우면 어려운 만큼 방법을 계속 찾게 되고 그렇게 한 수업은 학생들의 기억에 특별한 경험으로 남게 된다는 것을 알고 있다. 학생들에게 제공된 특별한 경험들이 가져올 효과를 알고 있기 때문이다. 학생들의 삶을 생각해 볼 때 정말 삶 속에서 녹아날 수 있는 수업이 좋은 수업이라는 생각을 해 보게 된다.

누군가의 앞에서 수업을 공개하는 일! 그것은 물론 쉬운 일이 아닐 것이다. 처음에는 다른 사람들에게 잘 보이기 위하여 수업을 준비하게 되지만 조금 지나면 어느새 나 자신의 만족을 위하여 우리 반 아이들과의 감동적인 수업을 위하여 호흡을 맞추게 된다.

물론 아무리 수업을 잘 준비한다고 해도 우리 반 아이들이 잘 따라와 주지 않는다면 그 수업은 교사가 생각한 대로 흘러갈 수 없을지도 모른다. 하지만 오랜 시간 끝에 내린 결론은 학생들은 '교사의 노력'을 아주 잘 알고 있다는 것이다. 그래서 선생님이 준비한 수업에 대해서는 스스로 적극성을 보일 준비를 하고 있다는 것이다. 말이 쉬운 것이지 한 시간의 수업을 학생들의 지속적인 관심을 유지시키며 끌어간다는 것은 정말 어려운 일일 것이다.

교사는 최소한 내가 가르치는 교과목에 대한 전문성이 있어야 한다고 말한다. 그 전문성이란 학생들이 쉽게 접근할 수 있는 방법으로 학생들에게 답을 얻게 하고 생각을 할 수 있는 수업으로 이끄는 것이라고 생각한다. 일단 교사 자신이 그 수업 내용에 대하여 잘 알고 있고, 그것을 어떤 방식으로 학생들이 이해하기 쉽게 지도할 것인가에 대한 방법적인 고민은 지속적인 연습이 필요하다. 한 시간의 수업을 위하여 많은 시간 준비하고 고민한 수업에 대해서는 후회와 아쉬움이 덜 하기 때문이다. 그렇게 준비한 시간들과 고민들이 우리 교사를 더욱 전문적이게 만들고, 보다 감동적인 수업으로 이끌어 주는 강력한 힘의 원천이라고 생각한다.

감동적인 수업을 한다는 것은 쉬운 일이 아닐 것이다. 어쩌면 평생을 두고 올라가야 할 높은 산일지도 모른다. 하지만 교사가 학생들을 생각하면서 수업 내용에 대하여 공부하고, 수업을 잘 이끌어 가기 위한 수업 설계를 하고, 어떤 활동을 통해 학습 목표를 도달할 것인가에 대한 고민을 하고 학생들이 활동할 수 있는 수업자료를 만들고, 학생들이 깨닫게 될 무언가를 위하여 즐거운 상상을 하면서 수업을 준비하는 일, 그 과정을 하고 있는 교사들은 최소한 아름다운 감동을 줄 수 있다고 생각한다. 우리가 가르치고 있는 아이들의 미래를 생각한다면 교사로서의 책임감을 망각할 수 없다. 이를 위해 오늘도 묵묵히 노력하고 있는 모든 교사들에게 무한 박수를 보내고 싶다.

시간이 지나면서 교육을 바라보는 눈은 조금씩 변화하고 있다. 지금 생각하면 아무것도 아닌 일들이 새내기 교사 때에는 엄청나게 큰 산으로 다가왔던 적이 있다. 하지만 새내기 교사 때의 학생들에 대한 절절한 마음은 조금씩 멀어지고 있는 것 같다. 그렇지만 교육을 바라보는 눈은 조금씩 더 성숙해 가고 있는 것 같다. 조금 더 학생을 이해하는 방향으로…

교사 생활 22년 차의 어느 출근길, 문득 고개를 돌리는 순간 예쁜 산수유가 눈에 들어왔다. 순간 나의 머릿속에는 그 풍경을 교실에 그대로 옮겨 놓고 싶은 생각이 들었다.

'빨갛게 물드는 씨앗도 아닌, 세로무늬가 선명한 산수유 잎도 아닌, 우뚝 서 있는 나무도 아닌 그 풍경 그대로… 참 예쁘구나! 가을이 성큼 다가왔구나!'는 생각과 함께 아이들과 그 세상을 함께 바라보고 싶은 생각이 들었다. 학생들과 함께 가을을 느끼면서 아름다운 세상을 바라볼 수 있다면 정말 좋겠다는 작은 욕심을 가졌다.

무엇이 학생과 학부모로부터 교사를 신뢰하게 만드는가? 일단 그 문제에 대한 답은 학교에서 대부분 이루어지는 교육과정 운영에서 답을 찾고 싶다. 물론 생활교육도 잘해야 하고, 학급 관리도 잘해야 한다. 아니 이것저것 모두 다 잘하면 더욱 신뢰를 이끌어 낼 수 있다.

그러나 한 가지 확실한 점은 잘 가르치기 위해 했던 고민들은 학생을 이해하고, 학생들에게 눈높이를 맞추는 데 좋은 밑거름이 된다. 그래서 처음에는 교육과정으로부터 시작한 일들이 생활교육으로 연결되고 학급 관리에도 연결된다. 신기한 것은 선생님이 학생을 이해해 주기 시작하면 학생들도 선생님을 이해해 주고 따라와 준다.

이 세상 가장 힘든 일이 생각하는 것이라고 말하는 사람도 있다. 나는 습관처럼 취미처럼 생각하는 일을 많이 한다. 가끔 집에 가면 더 이상 남아 있는 에너지가 없다. 그래도 이 일을 계속하는 것은 아이들과 함께하는 이 일이 재미있기 때문이다.

생사의 갈림길에서
함께했던 기억들

![leaf ornament]

읍내에서 40여 분을 들어가야 있던 그 학교는 시골의 작은 분교였다. 비가 오면 학교 슬레이트 지붕에서 물이 새서 복도에 양동이를 받쳐 두어야 했다. 복도는 장판을 깔아서 쿨렁거렸다. 내가 맡은 반은 반쪽짜리 교실에서 2개 학년이 복식으로 수업을 했다.

남편과 함께 분교에 근무하던 나는 이제 5살 된 아들과 함께 학교 관사에서 생활하였다. 우리 관사는 산 밑에 있었는데 문을 열면 바로 방이고 화장실에는 늘 밤톨만 한 귀뚜라미 떼들이 바닥에서 폴짝거리며 힘주는 일을 방해하곤 했다. 아침에 방문을 열면 산에서 내려온 뱀이 빤히 쳐다보며 아침 인사를 한 적도 있었다. 세 식구 살기엔 유난히 넓었던 방은 외풍이 심해서 자다가 코가 시려 이불로 얼굴을 덮고 자야 했다.

그 시절만 해도 가능한 일이었다. 학부모가 교사를 집으로 초대해서 저녁 한 끼 대접하는 그런 일. 지금은 청렴의무이행에 할 수 없는 일이다. 5년을 그곳에서 살던 우리는 교사이기 이전에 마을 주민으로 지냈다. 마을 행사에도 참여하고 경조사도 함께했다. 심지어 제삿날에는 제삿밥을 먹으러 가기도 했다. 누구 집에 두부를 만들면 마을 사람들이 다 모였다. 그러다 보면 자연스레 학교에서 마을과 함께 할 일들이 공유되고 학교는 마을의 구심점이자 마을이 학교이고, 학교가 마을이었던 곳이다.

선영이네 집에서 삼겹살을 굽는다고 선생님들을 초대했다. 뜨락에 앉아 불판에 지글지글 익어 가는 삼겹살을 보면서 한 쌈을 싸려던 찰나, 어디서 날아든 것인지 모를 벌 한 마리가 내 눈앞에서 한 바퀴 돌더니 콧구멍으로 냅다 들어갔다. 어찌해 볼 수도 없는 찰나의 일이라 나는 그 자리에서 벌떡 일어나 콧구멍에 들어간 벌을 빼내려고 했다. 하지만 벌은 더 깊이 들어가서 침을 깊숙이 쏘고 장렬히 전사하였다. 순식간에 내 콧구멍은 부풀어 올랐다.

"선생님, 안 돼여, 그냥 두면 클 나여." 하며 선영이 어머니가 내 손을 잡아끈다.

방에 들어가서 나를 눕히더니 뜸을 떠야 한다고 내 콧구멍에 뜸 뜨는 쑥을 한가득 집어넣었다. 이렇게 해야 독이 안 퍼진다고 한다. 뒤따라 들어온 학부모님들과 선생님들은 내 모습을 보고 한바탕 웃었다. 나는 아프기도 하고 창피하기도 해서 주루룩 눈물이 나면서도 같이 웃었다.

그러던 2007년 7월 어느 날, 여름방학을 며칠 앞두고 한 달 넘게 내린 장맛비는 평온했던 일상을 한순간에 덮쳤다. 아침 등교가 늦어지는 아이들을 기다리던 선생님들은 학교 앞 작은 개울이 강처럼 불어나는 것을 걱정스런 눈으로 지켜보았다.

"선생님, 피해야 할 것 같아요. 저희 집이 잠겼어요!"

다급하게 학교로 들어서는 주무관님은 땀과 비로 온몸이 젖은 채로 눈물을 흘리고 있었다. 개울 옆에 있던 주무관님 집을 비롯해서 마을 주민들의 집들이 산사태와 범람하는 개울물로 형체도 없이 사라지고 있다는 것이다. 당시 가장 연배가 높은 분교장님께서

"선생님들 빨리 아이들 부모님들께 연락해서 귀가조치 시키세요! 그리고 교무실 서류와 컴퓨터 챙겨서 2층으로 옮깁시다!"

"우르르 쾅, 싸르."

분교장님의 말씀이 끝나기 무섭게 1층으로 범람한 개울물이 들어오고 있었다. 개울보다 지대가 낮았던 학교는 순식간에 물바다가 되었다.

아이들을 데리러 온 부모님들도 겨우 도망치듯이 아이들을 데리고 갔다. 하지만 아직 부모님이 오지 않은 5명의 아이들이 있었다. 나는 아들을 업은 채로 아이들을 데리고 2층으로 올라갔다. 그리고 남편과 다른 선생님들은 교무실 중요 문서들과 컴퓨터를 급하게 챙겨서 2층으로 옮겼다. 나는 두려움에 울며 떠는 아이들을 달래 주었다.

본교에 전화해서 이 상황을 알리려 하였으나 언제 끊겼는지 전화는 불통이었다. 핸드폰도 사용할 수 없었다. 기지국에 문제가 생긴 것 같다. 2층으로 모두 대피하고 내다본 바깥은 재난 영화의 한 장면

인 듯했다. 마을이 물에 잠기고 길이 없어졌다. 그 자리에는 검붉은 흙물이 마치 꿈틀거리는 뱀처럼 모든 것을 삼키고 있었다.

분교장님은 2층도 안전하지 않다고 판단하시고 우리들보고 학교 정문 앞으로 이동하자고 하셨다. 앞을 가늠할 수 없는 빗속을 뚫고 나는 한 손에는 아들을 잡고, 한 손에는 3학년 다은이 손을 잡고 무조건 달렸다. 아들이 자기 발에 걸려 넘어지면서 엉엉 운다. 아이를 들쳐 업고 다른 아이들과 같이 우린 전속력으로 달렸다. 그리고 비를 피하기 위해서 나무 아래로 갔다. 교사 5명과 6명의 아이들은 나무 아래 웅크렸다. 순간 업고 있던 아들의 발에서 피가 흘렀다. 엄지발톱이 빠져 있었다. 넘어지면서 돌에 부딪힌 모양이다. 아들은 빠진 발톱이 아프다고 말할 새도 없이 내 등에서 엉엉 울기만 했다. 아이의 엄지발가락을 손으로 움켜잡고 지혈을 했다. 다른 아이들이 보면 놀랄까 봐 얼른 아이의 발을 내 등 뒤로 감추었다.

갑자기 남편이 학교가 더 안전할 거 같다고 학교로 들어가자고 했다. 우린 다른 방법이 없어서 다시 전속력으로 달려 학교로 들어왔다. 1층은 바닥에 물이 흥건했다. 2층으로 올라가서 개울물과 가장 멀리 위치한 교실에 들어가 모두 누군가가 우리를 구출해 주기를 기다렸다. 그리고 잠시 후 우리가 좀 전까지 서 있었던 나무 아래가 산사태로 다 쓸려 내려가는 것을 보았다. 만약 저기에 계속 있었다면 우리는 어떻게 되었을까! 생각만 해도 너무나 끔찍했다.

"선생님, 우리 저기 있었으면 죽었지요?"

용수가 훌쩍이면서 바라본다. 그렇다고 대답해 줄 수 없었다. 부모님의 생사를 알지 못하는 아이들이 두려움에 떨고 있었으니까!

날이 점점 어두워졌다. 아무 불빛도 없는 밤에도 비는 계속 내렸다. 어둠을 뚫고 남편과 주무관님이 조심스럽게 1층으로 내려갔다. 다행인지 개울물은 더 이상 학교 안으로 들어오지 않았다. 다들 2층은 안전할 것 같다고 했다. 그 말을 들으니 갑자기 허기가 밀려왔다. 남아 있던 아이들도 조금은 마음이 진정되었는지 배가 고프다고 한다.

"제가 일단 급식소에 가서 먹을 게 있는지 볼게요."

남편과 주무관님이 다시 1층으로 내려갔다. 다시 돌아온 주무관님이 촛불을 들고 오셨다.

"급식실 냉장고에 멧돼지 고기가 있어유. 그거라도 해 먹으면 될 거 같아요."

마을에서 멧돼지를 잡았다고 학교에 보내 준 것이 냉장고에 있을 줄이야! 물도 전기도 끊긴 급식소에는 다행히 가스 불을 쓸 수 있었다. 옥상에 있던 비상 물탱크에는 마실 물도 있었다. 한쪽에 촛불을 켜고 선생님들은 밥을 준비했다. 멧돼지 고기를 썰어서 김치랑 같이 볶았다. 제법 먹을 만한 식사가 만들어졌다. 우리들은 서로를 챙기며 어둠 속에서 밥을 먹었다. 몇 시인지, 바깥은 어떻게 되었는지 누구도 알지 못했다. 밥을 다 먹고 모두 2층으로 다시 돌아왔다.

뜬눈으로 밤을 지새웠다. 아이들도 잠을 이루지 못했다. 서서히 해가 뜨기 시작하자 어슴푸레 바깥이 보였다. 전봇대도 넘어지고 길은 끊겼다. 물길은 잦아들었지만 여전히 거세서 건널 수는 없었다. 웅크리고 있던 아이들도 눈으로 본 것이 믿기지 않는 듯 아무 말이 없다.

선생님들은 조를 짜서 일단 바깥을 살피기로 했다. 먼저 남편과 주무관님이 나갔다. 다음 조였던 나는 분교장님과 함께 건물 밖으로 나왔다. 너무 끔찍한 광경이었다. 집이 있던 자리에 아무것도 없었다. 사람들은 어떻게 되었을까! 마침 개울물 건너편에서 작은 사람들의 형체가 보였다. 손을 흔들고 있다. 서로 살아 있음에 눈물겨운 순간이다.

주무관님과 6학년 선생님은 산사태가 일어나지 않은 산을 타고 읍내로 나가서 학교의 상황을 알리기로 하고 출발하였다. 몇 시간이 걸릴지 몰라서 두 사람의 얼굴에는 비장함이 가득했다. 우리들은 꼭 아무 일 없기를 바라며 두 사람을 보냈다. 몇 시간 후 갑자기 학교 밖에서 인기척이 들렸다. 학부모님들과 마을 사람들이 산을 타고 학교로 왔다.

부모님들은 아이들을 부둥켜안고 한참을 우셨다. 그리고 아래쪽 마을도 다 휩쓸려 내려가서 비상 대피소에 모여 있다고 했다.

"슨상님요, 정말정말 감사합니다. 야들을 못 볼 줄 알았어요."

용수 아버지는 소매 끝으로 눈물을 닦으시면서 충혈된 눈으로 선생님들을 바라보았다. 아이들을 무사히 보살펴 준 선생님들에게 몇 번이고 인사를 하셨다. 아이들을 부모님들과 같이 보내고 하룻밤을 학교에서 더 보낸 후 우리들은 다음 날 119에 의해 구조되었다.

그날의 수해로 마을에서는 미처 대피하지 못한 어르신 일곱 분이 돌아가셨다. 합동 위령제가 치러졌다. 오며 가며 인사 나누던 분들이셨기에 말로 표현할 수 없는 아픔과 슬픔이 밀려왔다. 이후 전국에서 많은 사람들이 수해 복구를 위해 자원봉사를 왔고 학교는 그들의 쉼터이자 마을의 집합체가 되었다.

이제는 폐교가 되어 더 이상 학생들이 다니지 않는 곳이 되었지만 아직도 그 시절을 떠올리면 정 많고 가슴 따뜻했던 학부모님들과 아이들이 눈앞에 선하다. 학예회나 운동회 같은 학교의 큰 행사에 늘 학부모와 지역 주민들이 함께하며 울고 웃었다. 소박한 먹거리도 정성으로 나누며 한솥밥을 먹은 듯이 서로 끈끈했다. 그때의 아이들은 어엿한 직장인으로, 대학생으로 또는 부모님의 농사일을 도우며 잘 지내고 있다는 소식을 전하며 인연을 이어 오고 있다.

교사는 제2의 부모라는 마음으로 아이들과 학부모를 대하면 진심은 언제나 통하는 듯하다. 무엇보다 그 진심을 아이들이 알고 먼저 느낀다. 아이들 마음이 곧 학부모의 마음으로 전달되어 서로에 대한 이해의 깊이가 더해진다.

요즘은 시골 학교에서도 이런 풍경을 찾아보기 어려운 듯하다. 그만큼 사회도, 사람도 변했기 때문이리라. 어쩌면 그 변한 모습 속에서 교사들이 잃지 말아야 하는 한 가지가 있다면, 나로 인해 '아이'들은 긍정적이든, 부정적이든 커다란 영향을 받는다는 것이다. 부모 그 이상으로 아이들에게 많은 영향을 줄 수 있는 사람이기에 교사는 제2의 부모이지 않을까! 이렇게 나의 손길이 많이 필요한 자식들이 많아서 버거운 하루지만 그래서 또 힘을 얻는 교사이다.

이 책을
마치면서

....

🌿 지금은 새내기 교사도 아닌 우리가 힘들었던 시절을 기억해 세상에 글로 내놓는 일이 그렇게 쉬운 일은 아니었음을 밝힌다. 어쩌면 기억하기 싫었던, 묻어 두고 싶은 자신의 힘들었던 시간의 비밀과도 같은 수첩을 용기 내어 세상 밖으로 꺼내 놓았다. 이야기를 세상에 꺼내 놓으면서 다시 한번 그때의 감정들이 되살아났다.

🌿 좋았던 일은 좋았던 대로, 힘들었던 일은 힘들었던 대로 우리를 돌아보는 계기가 되었고 교사로서의 삶이 가지는 의미에 대해 다시 한번 생각해 보게 한 중요한 터닝 포인트가 되었다. 앞으로 남은 교사 생활을 어떻게 설계해야 하는지 무엇을 중요하게 생각하며 살아야 하는지에 대한 골똘한 생각은 우리의 지평을 넓혀 주는 기회가 되었다.

🍃 과거의 기억을 돌아보니… 우리의 마음속에 아직도 남아 있는 것은 우리 눈앞에 이룬 근시안적인 교육적 성과가 아니라, 교사로서의 미숙했던 행동들이 남긴 아쉬움이었다. 과거의 기억들은 우리를 반성하게 하고, 현재의 나에게 성숙한 판단과 해결을 요구한다. 교사는 학생과 학부모와 함께했을 때 빛나는 존재였으며, 교육은 두려움을 가지고 바라봐야 하는 존재임을 다시 한번 확인하게 되었다.

🍃 학부모가 힘들어서 교사가 되는 것을 두려워하는 교생의 이야기가, 학부모 공개수업이 두려워 도망친 교사의 이야기가, 학부모 앞에서 어떤 이야기부터 꺼내야 할지 고민하던 선생님들의 이야기가, 학생들의 생활교육과 관련하여 쩔쩔매던 모습이 곧 내 모습이었다. 오늘 우리가 써 내려간 이야기들은 새내기 교사 시절 무엇을 어찌해야 할지 고민하던 어제의 내가 그토록 듣고 싶었던 '경험담'이었다.

🍃 학부모는 넘지 못할 큰 산이었으며 학생들 앞에서는 한없이 작아지는 존재였다. 아무런 구김살 없이 웃고 있는 아이의 뒤에는 아이의 순수함을 지켜 주는 학부모가 있었고, 자신이 해야 할 일을 척척 잘해 내는 아이의 뒤에는 정성 어린 손길로 아이의 자립을 도와주고 있는 학부모가 있었으며, 불안한 행동으로 집중을 못 하는 아이의 뒤에는 자신의 삶을 힘들어하는 학부모가 있었다. 아이를 이해해 가다 보면 그 뒤에는 학부모가 있었다.

때론 아주 신중하고, 때론 아주 예의 바르며, 때론 아주 가볍고, 때론 아주 힘들고, 때론 아주 현명한 선택을 해 주는 사람도 학부모였다. 아이가 웃을 때 함께 기뻐하는 사람도 학부모였다. 자기의 모든 것을 내어 줄 줄 아는 사람도 학부모였다. 아이가 웃을 때, 교사와 함께 같은 곳을 바라보며 웃고 있는 사람도 학부모였다. 때론 아주 단순하게 변신이 가능한 사람도 학부모였다.

『새내기 교사들에게 교육보다 어려운 학부모를 말하다』란 제목으로 책이 나오기까지 프로젝트에 참여한 '평천모'(평원 천사들의 모임) 회원들 각자의 소감을 적어 본다.

『호수에 비친 별빛』 지연샘 : 초임 시절 학부모를 상대하고 상담하는 일은 내게는 참 어려운 일이었다. 어쩌다 전화 한번 드릴 일이 생기면 어떻게 말해야 할지 미리 연습하기도 하고 상담 시간에 무슨 말을 해야 할지 쩔쩔매던 시절이 있었다. 어느덧 경력 교사가 되고 어느새 나도 내 아이의 학부모가 되었다. 학부모의 입장이 되니 아이 부모님이 담임을 어떻게 바라보는지 무엇을 원하는지 조금씩 알게 되었다. 주변의 존경스러운 선생님들을 보면서 '저 선생님이 우리 아이 담임선생님이면 좋겠다.'라고 생각한 분이 생겼다. 나도 누군가의 간절한 바람의 선생님이 될 수 있을까?

『무지개 건너간 해』 다감샘 : 우리의 이야기로 이 세상의 누군가가 잠시의 위로를 얻고, 새로 무언가를 시작하고 싶은 희망의 무지개를 만나게 된다면 어떨까 하는 작은 바람으로 시작된 책 쓰기! 그 바람은 이미 이루어졌다! 지난 경험을 글로 옮기는 과정에서 울고 웃고 배우며 가슴 깊이 전해 오는 먹먹함으로 교사로서의 새로운 희망을 품는 나를 만났기에. 알록달록 저마다 가슴속에 품은 이야기가 책이 되어 어딘가에서 힘겨워하고 있을 누군가에게 해처럼 빛나는 희망을 전해 주기를 바라 본다.

『달 차면 기우리』 영인샘 : 발령받고 첫해 스승의 날, 우리 반 꼬맹이들이 불러 주는 '스승의 은혜'에 눈물 펑펑 흘리던 그 순간, 처음으로 6학년 맡아 졸업시키면서 아이들은 멀쩡한데 나만 울고 있던 그 창피한 순간, 늦은 밤 우리 반 녀석을 보호하고 있다며 파출소에서 걸려 온 전화를 받던 그 순간, 퇴근하려는데 나의 구두 한 짝이 어느 녀석에 의해 사라진 그 순간, 다음 날부터 출산휴간데 수업 중에 찾아온 진통만큼이나 황당했던 사건들이 머리를 스친다. 학교도 바뀌고 해마다 아이들도 바뀌는 삶이 마치 달이 차고 기울기를 반복하는 것과 같다. 나는 이런 교직 생활이 너무나 좋다. 앞으로도 생각지도 못한 일들이 더 많이 일어나겠지만 달처럼 차고 기울기를 반복하는 교사로 거듭나기를 기대해 본다.

『별빛 품은 달빛』 영주샘 : 학생과 학부모와의 관계를 이야기로 풀어내는 것이 이렇게 어렵고 마음이 아픈 것인지 미처 몰랐다. 막상 쓰려고 하니 교사로서 내 자신이 으쓱할 만한 이야기가 생각나질 않는다. 오히려 미안하고 안쓰럽고 후회되는 일들만 생각이 나는 건 왜일까! 진심 교사이고 싶었다. 언제나처럼 학생들의 마음으로 다가가고 싶었다. 그들의 마음을 진정으로 품고 싶었다. 그래서 더 아파했는지도 모른다. '위기는 기회다.'라는 말이 있다. 학생들에게 생기는 크고 작은 위기의 순간을 교사와 학부모는 학생이 스스로 성장할 수 있는 기회로 만들어 주는 그런 어른이 되었으면 한다.

『해 솟으면 나오리』 영화샘 : 20년 전 새내기 교사였던 나는 아이들과 청소 시간에 걸레 던지기를 하고 놀다가 교감선생님께 혼이 나기도 했다. 봄 방학에는 선생님도 방학인 줄 알고 교육대학교 후배들 졸업식에 가려고 학교에 출근하지 않고 버스를 탔다가 선배 교사의 전화를 받고 다시 학교에 출근했던 천방지축 신참이었다. 교사로서의 삶에 학부모로부터의 상처가 남았다면 어쩌면 부족한 나로 인해 더 상처 입은 학부모의 마음에 생채기가 남아 있을 것이다. 학부모는 우리가 진정한 교사로 성장할 수 있는 촉진자이며 언제나 함께해야 할 협력자이다. 되돌아보니 어설펐던 하루하루가 교사로 성장해가는 시간이었다. 아픈 만큼 성숙한다는 말처럼 성장통의 시간들을 돌아보며 내일의 나는 좀 더 나은 교사로 살아가리라 다짐해 본다.

『은하수를 건너온 별똥별』 은희샘 : 경력이 쌓여 가면서 선배님들에게서 받았던 경험을 나누어야 할 최소한의 의무감 같은 것이 생겼다. 나도 힘들고, 너도 힘들었을 때 왜 우리 하나가 되려 하지 않았는지. 함께 이야기하려 하지 않았는지? 시간을 거슬러 그때로 돌아간다면 우리 함께 모여 고민을 이야기할 수 있을까? 까만 밤 홀로 깨어 고민하던 시간은 별이 되어 하늘로 올랐다. 그렇게 반짝이는 은하수가 되었다. 오늘 지구별로 별똥별이 무수히도 떨어지고 있다. 오염되지 않은 칠흑 같은 어둠이 내려앉은 곳에서 하늘 향해 양팔 벌리고 드러누워 별똥별 잔치를 감상해 보고 싶다.